U0798677

全国职工『八五』普法简明读本

保障农民工工资支付条例

学习强会 编

LAW

中国工人出版社

本书编委会

（按姓氏笔画为序）

安　静　李　娟　时福茂　吴胜利
佟丽华　陆敬波　赵晨羽　黄乐平
黄家焱　董　彬　褚军花　潘　悦

编者的话

《中央宣传部、司法部关于开展法治宣传教育的第八个五年规划（2021—2025年）》指出，我国开启全面建设社会主义现代化国家新征程，进入新发展阶段，迫切要求进一步提升公民法治素养，推动全社会尊法学法守法用法。2021年9月，中华全国总工会办公厅印发的《关于在工会工作者和职工中开展法治宣传教育的第八个五年规划（2021—2025年）》，要求各级工会组织以习近平法治思想引领工会普法工作，推动普法工作守正创新、提质增效、全面发展。因此，做好普法宣传工作，完善宣传的内容、途径和手段，对于普法工作的开展具有十分重要的意义。

为了进一步推动国家“八五”普法工作，结合全国工会系统开展“八五”普法，适应新就业形态发展和促进劳动关系和谐稳定需要，针对与职工切身利益密切相关的法律法规，我们策划出版了“全国职工‘八五’普法简明读本”丛书（共12册）。本丛书以工会开展普法工作为切入点，聚焦职工群众最关心最直接最现实的利益问题，重点解读了与职工劳动权益相关的劳动法律知识。在内容构成上，以法律文本为主线，设置了“职工权益导读”版块，通俗地解答了与职工权益相关的问题，并附录了相关法律文书，方便职工参考使用。

希望这套丛书的出版，能够帮助广大职工了解、掌握一些必备的法律常识，增强法治观念，提高法律素养，同时对工会组织职工、引导职工、服务职工、维护职工合法权益等起到积极的作用。

目　录

Contents

保障农民工工资支付条例

（2019 年 12 月 30 日中华人民共和国国务院令第 724 号公布）

第一章　总　　则

第一条　为了规范农民工工资支付行为，保障农民工按时足额获得工资，根据《中华人民共和国劳动法》及有关法律规定，制定本条例。

第二条　保障农民工工资支付，适用本条例。

本条例所称农民工，是指为用人单位提供劳动的农村居民。

本条例所称工资，是指农民工为用人单位提供劳动后应当获得的劳动报酬。

第三条　农民工有按时足额获得工资的权利。任何单位和个人不得拖欠农民工工资。

农民工应当遵守劳动纪律和职业道德，执行劳动安全卫生规程，完成劳动任务。

第四条　县级以上地方人民政府对本行政区域内保障农民工工资支付工作负责，建立保障农民工工资支付工作协调机制，加强监管能力建设，健全保障农民工工资支付工作目标责任制，并纳入对本级人民政府有关部门和下级人民政府进行考核和监督的内容。

乡镇人民政府、街道办事处应当加强对拖欠农民工工资矛盾的排查和调处工作，防范和化解矛盾，及时调解纠纷。

第五条 保障农民工工资支付，应当坚持市场主体负责、政府依法监管、社会协同监督，按照源头治理、预防为主、防治结合、标本兼治的要求，依法根治拖欠农民工工资问题。

第六条 用人单位实行农民工劳动用工实名制管理，与招用的农民工书面约定或者通过依法制定的规章制度规定工资支付标准、支付时间、支付方式等内容。

第七条 人力资源社会保障行政部门负责保障农民工工资支付工作的组织协调、管理指导和农民工工资支付情况的监督检查，查处有关拖欠农民工工资案件。

住房城乡建设、交通运输、水利等相关行业工程建设主管部门按照职责履行行业监管责任，督办因违法发包、转包、违法分包、挂靠、拖欠工程款等导致的拖欠农民工工资案件。

发展改革等部门按照职责负责政府投资项目的审批管理，依法审查政府投资项目的资金来源和筹措方式，按规定及时安排政府投资，加强社会信用体系建设，组织对拖欠农民工工资失信联合惩戒对象依法依规予以限制和惩戒。

财政部门负责政府投资资金的预算管理，根据经批准的预算按规定及时足额拨付政府投资资金。

公安机关负责及时受理、侦办涉嫌拒不支付劳动报酬刑事案件，依法处置因农民工工资拖欠引发的社会治安案件。

司法行政、自然资源、人民银行、审计、国有资产管理、税务、市场监管、金融监管等部门，按照职责做好与保障农民工工资支付相关的工作。

第八条 工会、共产主义青年团、妇女联合会、残疾人联合会等组织按照职责依法维护农民工获得工资的权利。

第九条 新闻媒体应当开展保障农民工工资支付法律法规政策的公益宣传和先进典型的报道，依法加强对拖欠农民工工资违法行为的舆论监督，引导用人单位增强依法用工、按时足额支付工资的法律意识，引导农民工依法维权。

第十条 被拖欠工资的农民工有权依法投诉，或者申请劳动争议调解仲裁和提起诉讼。

任何单位和个人对拖欠农民工工资的行为，有权向人力资源社会保障行政部门或者其他有关部门举报。

人力资源社会保障行政部门和其他有关部门应当公开举报投诉电话、网站等渠道，依法接受对拖欠农民工工资行为的举报、投诉。对于举报、投诉的处理实行首问负责制，属于本部门受理的，应当依法及时处理；不属于本部门受理的，应当及时转送相关部门，相关部门应当依法及时处理，并将处理结果告知举报、投诉人。

第二章 工资支付形式与周期

第十一条 农民工工资应当以货币形式，通过银行转账或者现金支付给农民工本人，不得以实物或者有价证券等其他形式替代。

第十二条 用人单位应当按照与农民工书面约定或者依法制定的规章制度规定的工资支付周期和具体支付日期足额支付工资。

第十三条 实行月、周、日、小时工资制的，按照月、周、日、小时为周期支付工资；实行计件工资制的，工资支付周期由双方依法约定。

第十四条 用人单位与农民工书面约定或者依法制定的规章制度规定的具体支付日期，可以在农民工提供劳动的当期或者次期。具体支付日期遇法定节假日或者休息日的，应当在法定节假日或者休息日前支付。

用人单位因不可抗力未能在支付日期支付工资的，应当在不可抗力消除后及时支付。

第十五条 用人单位应当按照工资支付周期编制书面工资支付台账，并至少保存3年。

书面工资支付台账应当包括用人单位名称，支付周期，支付日期，支付对象姓名、身份证号码、联系方式，工作时间，应发工资项目及数额，代扣、代缴、扣除项目和数额，实发工资数额，银行代发工资凭证或者农民工签字等内容。

用人单位向农民工支付工资时，应当提供农民工本人的工资清单。

第三章　工资清偿

第十六条 用人单位拖欠农民工工资的，应当依法予以清偿。

第十七条 不具备合法经营资格的单位招用农民工，农民工已经付出劳动而未获得工资的，依照有关法律规定执行。

第十八条　用工单位使用个人、不具备合法经营资格的单位或者未依法取得劳务派遣许可证的单位派遣的农民工，拖欠农民工工资的，由用工单位清偿，并可以依法进行追偿。

第十九条　用人单位将工作任务发包给个人或者不具备合法经营资格的单位，导致拖欠所招用农民工工资的，依照有关法律规定执行。

用人单位允许个人、不具备合法经营资格或者未取得相应资质的单位以用人单位的名义对外经营，导致拖欠所招用农民工工资的，由用人单位清偿，并可以依法进行追偿。

第二十条　合伙企业、个人独资企业、个体经济组织等用人单位拖欠农民工工资的，应当依法予以清偿；不清偿的，由出资人依法清偿。

第二十一条　用人单位合并或者分立时，应当在实施合并或者分立前依法清偿拖欠的农民工工资；经与农民工书面协商一致的，可以由合并或者分立后承继其权利和义务的用人单位清偿。

第二十二条　用人单位被依法吊销营业执照或者登记证书、被责令关闭、被撤销或者依法解散的，应当在申请注销登记前依法清偿拖欠的农民工工资。

未依据前款规定清偿农民工工资的用人单位主要出资人，应当在注册新用人单位前清偿拖欠的农民工工资。

第四章　工程建设领域特别规定

第二十三条　建设单位应当有满足施工所需要的资金安排。没有满足施工所需要的资金安排的，工程建设项目不得开工建设；依法需要办理施工许可证的，相关行业工程建设主管部门不予颁发施工许可证。

政府投资项目所需资金，应当按照国家有关规定落实到位，不得由施工单位垫资建设。

第二十四条　建设单位应当向施工单位提供工程款支付担保。

建设单位与施工总承包单位依法订立书面工程施工合同，应当约定工程款计量周期、工程款进度结算办法以及人工费用拨付周期，并按照保障农民工工资按时足额支付的要求约定人工费用。人工费用拨付周期不得超过 1 个月。

建设单位与施工总承包单位应当将工程施工合同保存备查。

第二十五条　施工总承包单位与分包单位依法订立书面分包合同，应当约定工程款计量周期、工程款进度结算办法。

第二十六条　施工总承包单位应当按照有关规定开设农民工工资专用账户，专项用于支付该工程建设项目农民工工资。

开设、使用农民工工资专用账户有关资料应当由施工总承包单位妥善保存备查。

第二十七条　金融机构应当优化农民工工资专用账户开设服务流程，做好农民工工资专用账户的日常管理工作；发现资金未按约定拨付等情况的，及时通知施工总承包单位，由施工总承包单位报告人力资源社会保障行政部门和相关行业工程建设主管部门，并纳入欠薪预警系统。

工程完工且未拖欠农民工工资的，施工总承包单位公示 30 日后，可以申请注销农民工工资专用账户，账户内余额归施工总承包单位所有。

第二十八条 施工总承包单位或者分包单位应当依法与所招用的农民工订立劳动合同并进行用工实名登记，具备条件的行业应当通过相应的管理服务信息平台进行用工实名登记、管理。未与施工总承包单位或者分包单位订立劳动合同并进行用工实名登记的人员，不得进入项目现场施工。

施工总承包单位应当在工程项目部配备劳资专管员，对分包单位劳动用工实施监督管理，掌握施工现场用工、考勤、工资支付等情况，审核分包单位编制的农民工工资支付表，分包单位应当予以配合。

施工总承包单位、分包单位应当建立用工管理台账，并保存至工程完工且工资全部结清后至少 3 年。

第二十九条 建设单位应当按照合同约定及时拨付工程款，并将人工费用及时足额拨付至农民工工资专用账户，加强对施工总承包单位按时足额支付农民工工资的监督。

因建设单位未按照合同约定及时拨付工程款导致农民工工资拖欠的，建设单位应当以未结清的工程款为限先行垫付被拖欠的农民工工资。

建设单位应当以项目为单位建立保障农民工工资支付协调机制

和工资拖欠预防机制，督促施工总承包单位加强劳动用工管理，妥善处理与农民工工资支付相关的矛盾纠纷。发生农民工集体讨薪事件的，建设单位应当会同施工总承包单位及时处理，并向项目所在地人力资源社会保障行政部门和相关行业工程建设主管部门报告有关情况。

第三十条　分包单位对所招用农民工的实名制管理和工资支付负直接责任。

施工总承包单位对分包单位劳动用工和工资发放等情况进行监督。

分包单位拖欠农民工工资的，由施工总承包单位先行清偿，再依法进行追偿。

工程建设项目转包，拖欠农民工工资的，由施工总承包单位先行清偿，再依法进行追偿。

第三十一条　工程建设领域推行分包单位农民工工资委托施工总承包单位代发制度。

分包单位应当按月考核农民工工作量并编制工资支付表，经农民工本人签字确认后，与当月工程进度等情况一并交施工总承包单位。

施工总承包单位根据分包单位编制的工资支付表，通过农民工工资专用账户直接将工资支付到农民工本人的银行账户，并向分包单位提供代发工资凭证。

用于支付农民工工资的银行账户所绑定的农民工本人社会保障卡或者银行卡，用人单位或者其他人员不得以任何理由扣押或者变相扣押。

第三十二条 施工总承包单位应当按照有关规定存储工资保证金，专项用于支付为所承包工程提供劳动的农民工被拖欠的工资。

工资保证金实行差异化存储办法，对一定时期内未发生工资拖欠的单位实行减免措施，对发生工资拖欠的单位适当提高存储比例。工资保证金可以用金融机构保函替代。

工资保证金的存储比例、存储形式、减免措施等具体办法，由国务院人力资源社会保障行政部门会同有关部门制定。

第三十三条 除法律另有规定外，农民工工资专用账户资金和工资保证金不得因支付为本项目提供劳动的农民工工资之外的原因被查封、冻结或者划拨。

第三十四条 施工总承包单位应当在施工现场醒目位置设立维权信息告示牌，明示下列事项：

（一）建设单位、施工总承包单位及所在项目部、分包单位、相关行业工程建设主管部门、劳资专管员等基本信息；

（二）当地最低工资标准、工资支付日期等基本信息；

（三）相关行业工程建设主管部门和劳动保障监察投诉举报电话、劳动争议调解仲裁申请渠道、法律援助申请渠道、公共法律服务热线等信息。

第三十五条 建设单位与施工总承包单位或者承包单位与分包单位因工程数量、质量、造价等产生争议的，建设单位不得因争议不按照本条例第二十四条的规定拨付工程款中的人工费用，施工总承包单位也不得因争议不按照规定代发工资。

第三十六条 建设单位或者施工总承包单位将建设工程发包或者分包给个人或者不具备合法经营资格的单位，导致拖欠农民工工资的，由建设单位或者施工总承包单位清偿。

施工单位允许其他单位和个人以施工单位的名义对外承揽建设工程，导致拖欠农民工工资的，由施工单位清偿。

第三十七条 工程建设项目违反国土空间规划、工程建设等法律法规，导致拖欠农民工工资的，由建设单位清偿。

第五章 监督检查

第三十八条 县级以上地方人民政府应当建立农民工工资支付监控预警平台，实现人力资源社会保障、发展改革、司法行政、财政、住房城乡建设、交通运输、水利等部门的工程项目审批、资金落实、施工许可、劳动用工、工资支付等信息及时共享。

人力资源社会保障行政部门根据水电燃气供应、物业管理、信贷、税收等反映企业生产经营相关指标的变化情况，及时监控和预警工资支付隐患并做好防范工作，市场监管、金融监管、税务等部门应当予以配合。

第三十九条 人力资源社会保障行政部门、相关行业工程建设主管部门和其他有关部门应当按照职责，加强对用人单位与农民工签订劳动合同、工资支付以及工程建设项目实行农民工实名制管理、农民工工资专用账户管理、施工总承包单位代发工资、工资保证金存储、维权信息公示等情况的监督检查，预防和减少拖欠农民工工资行为的发生。

第四十条 人力资源社会保障行政部门在查处拖欠农民工工资案件时，需要依法查询相关单位金融账户和相关当事人拥有房产、车辆等情况的，应当经设区的市级以上地方人民政府人力资源社会保障行政部门负责人批准，有关金融机构和登记部门应当予以配合。

第四十一条 人力资源社会保障行政部门在查处拖欠农民工工资案件时，发生用人单位拒不配合调查、清偿责任主体及相关当事人无法联系等情形的，可以请求公安机关和其他有关部门协助处理。

人力资源社会保障行政部门发现拖欠农民工工资的违法行为涉嫌构成拒不支付劳动报酬罪的，应当按照有关规定及时移送公安机关审查并作出决定。

第四十二条 人力资源社会保障行政部门作出责令支付被拖欠的农民工工资的决定，相关单位不支付的，可以依法申请人民法院强制执行。

第四十三条 相关行业工程建设主管部门应当依法规范本领域建设市场秩序，对违法发包、转包、违法分包、挂靠等行为进行查处，并对导致拖欠农民工工资的违法行为及时予以制止、纠正。

第四十四条 财政部门、审计机关和相关行业工程建设主管部门按照职责，依法对政府投资项目建设单位按照工程施工合同约定向农民工工资专用账户拨付资金情况进行监督。

第四十五条 司法行政部门和法律援助机构应当将农民工列为法律援助的重点对象，并依法为请求支付工资的农民工提供便捷的法律援助。

公共法律服务相关机构应当积极参与相关诉讼、咨询、调解等活动，帮助解决拖欠农民工工资问题。

第四十六条 人力资源社会保障行政部门、相关行业工程建设主管部门和其他有关部门应当按照“谁执法谁普法”普法责任制的要求，通过以案释法等多种形式，加大对保障农民工工资支付相关法律法规的普及宣传。

第四十七条 人力资源社会保障行政部门应当建立用人单位及相关责任人劳动保障守法诚信档案，对用人单位开展守法诚信等级评价。

用人单位有严重拖欠农民工工资违法行为的，由人力资源社会保障行政部门向社会公布，必要时可以通过召开新闻发布会等形式向媒体公开曝光。

第四十八条 用人单位拖欠农民工工资，情节严重或者造成严重不良社会影响的，有关部门应当将该用人单位及其法定代表人或者主要负责人、直接负责的主管人员和其他直接责任人员列入拖欠农民工工资失信联合惩戒对象名单，在政府资金支持、政府采购、招投标、融资贷款、市场准入、税收优惠、评优评先、交通出行等方面依法依规予以限制。

拖欠农民工工资需要列入失信联合惩戒名单的具体情形，由国务院人力资源社会保障行政部门规定。

第四十九条 建设单位未依法提供工程款支付担保或者政府投资项目拖欠工程款，导致拖欠农民工工资的，县级以上地方人民政府应当限制其新建项目，并记入信用记录，纳入国家信用信息系统进行公示。

第五十条 农民工与用人单位就拖欠工资存在争议，用人单位应当提供依法由其保存的劳动合同、职工名册、工资支付台账和清单等材料；不提供的，依法承担不利后果。

第五十一条 工会依法维护农民工工资权益，对用人单位工资支付情况进行监督；发现拖欠农民工工资的，可以要求用人单位改正，拒不改正的，可以请求人力资源社会保障行政部门和其他有关部门依法处理。

第五十二条 单位或者个人编造虚假事实或者采取非法手段讨要农民工工资，或者以拖欠农民工工资为名讨要工程款的，依法予以处理。

第六章 法律责任

第五十三条 违反本条例规定拖欠农民工工资的，依照有关法律规定执行。

第五十四条 有下列情形之一的，由人力资源社会保障行政部门责令限期改正；逾期不改正的，对单位处2万元以上5万元以下的罚款，对法定代表人或者主要负责人、直接负责的主管人员和其他直接责任人员处1万元以上3万元以下的罚款：

（一）以实物、有价证券等形式代替货币支付农民工工资；

（二）未编制工资支付台账并依法保存，或者未向农民工提供工资清单；

（三）扣押或者变相扣押用于支付农民工工资的银行账户所绑定的农民工本人社会保障卡或者银行卡。

第五十五条 有下列情形之一的，由人力资源社会保障行政部门、相关行业工程建设主管部门按照职责责令限期改正；逾期不改正的，责令项目停工，并处 5 万元以上 10 万元以下的罚款；情节严重的，给予施工单位限制承接新工程、降低资质等级、吊销资质证书等处罚：

（一）施工总承包单位未按规定开设或者使用农民工工资专用账户；

（二）施工总承包单位未按规定存储工资保证金或者未提供金融机构保函；

（三）施工总承包单位、分包单位未实行劳动用工实名制管理。

第五十六条 有下列情形之一的，由人力资源社会保障行政部门、相关行业工程建设主管部门按照职责责令限期改正；逾期不改正的，处 5 万元以上 10 万元以下的罚款：

（一）分包单位未按月考核农民工工作量、编制工资支付表并经农民工本人签字确认；

（二）施工总承包单位未对分包单位劳动用工实施监督管理；

（三）分包单位未配合施工总承包单位对其劳动用工进行监督管理；

（四）施工总承包单位未实行施工现场维权信息公示制度。

第五十七条 有下列情形之一的，由人力资源社会保障行政部门、相关行业工程建设主管部门按照职责责令限期改正；逾期不改正的，责令项目停工，并处5万元以上10万元以下的罚款：

（一）建设单位未依法提供工程款支付担保；

（二）建设单位未按约定及时足额向农民工工资专用账户拨付工程款中的人工费用；

（三）建设单位或者施工总承包单位拒不提供或者无法提供工程施工合同、农民工工资专用账户有关资料。

第五十八条　不依法配合人力资源社会保障行政部门查询相关单位金融账户的，由金融监管部门责令改正；拒不改正的，处2万元以上5万元以下的罚款。

第五十九条　政府投资项目政府投资资金不到位拖欠农民工工资的，由人力资源社会保障行政部门报本级人民政府批准，责令限期足额拨付所拖欠的资金；逾期不拨付的，由上一级人民政府人力资源社会保障行政部门约谈直接责任部门和相关监管部门负责人，必要时进行通报，约谈地方人民政府负责人。情节严重的，对地方人民政府及其有关部门负责人、直接负责的主管人员和其他直接责任人员依法依规给予处分。

第六十条　政府投资项目建设单位未经批准立项建设、擅自扩大建设规模、擅自增加投资概算、未及时拨付工程款等导致拖欠农民工工资的，除依法承担责任外，由人力资源社会保障行政部门、其他有关部门按照职责约谈建设单位负责人，并作为其业绩考核、薪酬分配、评优评先、职务晋升等的重要依据。

第六十一条　对于建设资金不到位、违法违规开工建设的社会投资工程建设项目拖欠农民工工资的，由人力资源社会保障行政部门、其他有关部门按照职责依法对建设单位进行处罚；对建设单位负责人依法依规给予处分。相关部门工作人员未依法履行职责的，由有关机关依法依规给予处分。

第六十二条 县级以上地方人民政府人力资源社会保障、发展改革、财政、公安等部门和相关行业工程建设主管部门工作人员，在履行农民工工资支付监督管理职责过程中滥用职权、玩忽职守、徇私舞弊的，依法依规给予处分；构成犯罪的，依法追究刑事责任。

第七章 附 则

第六十三条 用人单位一时难以支付拖欠的农民工工资或者拖欠农民工工资逃匿的，县级以上地方人民政府可以动用应急周转金，先行垫付用人单位拖欠的农民工部分工资或者基本生活费。对已经垫付的应急周转金，应当依法向拖欠农民工工资的用人单位进行追偿。

第六十四条 本条例自 2020 年 5 月 1 日起施行。

职工权益导读

1 为什么要专门制定《保障农民工工资支付条例》?

工资是农民工及其家庭生活的主要来源，也是其基本的权益。解决拖欠农民工工资问题，事关广大农民工切身利益、社会公平正义以及社会和谐稳定。

《保障农民工工资支付条例》（以下称《条例》）第一条规定，“为了规范农民工工资支付行为，保障农民工按时足额获得工资，根据《中华人民共和国劳动法》及有关法律规定，制定本条例”。

这是我国首次以行政法规的形式针对农民工这一特殊劳动群体的工资支付保障作出具体规定，立法目的是根治欠薪问题。此前虽然有劳动和社会保障部、建设部印发的《建设领域农民工工资支付管理暂行办法》（劳社部发〔2004〕22号），但是该暂行办法只是部门规范性文件，效力较低，执行力度不够，覆盖面窄。

2019年国务院专门制定《条例》，是贯彻落实习近平总书记关于根治欠薪工作的重要指示批示精神，是用法治手段治理欠薪顽疾，有效解决工程建设领域“没钱发”“发给谁”“怎么发”等欠薪难题，确保农民工按时足额获得工资报酬，促进社会公平正义和社会稳定。《条例》的出台，开启了依据行政法规治理拖欠农民工工资问题的新阶段，解决了之前主要依据规范性文件和地方法规、规章进行治理的局限。

2 如何理解《条例》中规定的农民工？

《条例》第二条第二款规定，“本条例所称农民工，是指为用人单位提供劳动的农村居民”。这是首次在法规层面上对“农民工”的概念做出定义。

农民工是我国改革开放后伴随着工业化、城市化进程而出现并不断发展壮大的一支新型劳动者大军，是我国现代产业工人的主体和现代化建设的重要力量。目前农民工数量已达 2.9 亿人，他们为社会主义建设作出了重大贡献。那么，法律意义上的农民工是指哪些人呢？顾名思义，“农民”即农村居民，“工”意为职工，“农民工”是指农村居民身份的职工。为用人单位提供劳动，才能称职工，所以只有在用人单位提供劳动的农村居民才是农民工。外出上学、就医、服兵役并不是为用人单位提供劳动，所以学生、患者、军人不是职工，当然也就不是农民工。如果接受劳动的一方不是用人单位，而是个人或家庭，则提供劳动的农村居民也不是职工，比如家庭保姆。

农民工与劳动者是存在区别的，法律上的劳动者是与用人单位建立劳动关系，受《劳动法》调整的主体，根据《劳动和社会保障部关于确立劳动关系有关事项的通知》（劳社部发〔2005〕12号）第一条规定，“用人单位招用劳动者未订立书面劳动合同，但同时具备下列情形的，劳动关系成立。（一）用人单位和劳动者符合法律、法规规定的主体资格；（二）用人单位依法制定的各项劳动规章制度适用于劳动者，劳动者受用人单位的劳动管理，从事用人单位安排的有报酬的劳动；（三）劳动者提供的劳动是用人单位业务的组成部分”。因此，如果农民工与企业之间存在上述劳动关系确立的条件，劳动关系也是成立的，此时农民工就是劳动者。反之，则不是劳动者，不能依据《中华人民共和国劳动法》（以下简称《劳动法》）主张相关权利。

一般来讲，用人单位是指企业、个体经济组织、民办非企业单位、会计师事务所、律师事务所等合伙组织和基金会等组织。当然，国家机关、事业组织、社会团体和与之建立劳动合同关系的劳动者，也同样适用《劳动法》，所以这些组织也是用人单位。

3 新冠肺炎疫情防控期间农民工工资如何发放?

《条例》第三条第一款规定，“农民工有按时足额获得工资的权利。任何单位和个人不得拖欠农民工工资”。根据人力资源社会保障部、全国总工会、中国企业联合会/中国企业家协会、全国工商联《关于做好新型冠状病毒感染肺炎疫情防控期间稳定劳动关系支持企业复工复产的意见》（人社部发〔2020〕8号）第三条规定，“协商处理疫情防控期间的工资待遇问题：（四）支持协商未返岗期间的工资待遇。在受疫情影响的延迟复工或未返岗期间，对用完各类休假仍不能提供正常劳动或其他不能提供正常劳动的职工，指导企业参照国家关于停工、停产期间工资支付相关规定与职工协商，在一个工资支付周期内的按照劳动合同规定的标准支付工资；超过一个工资支付周期的按有关规定发放生活费。……（六）保障职工工资待遇权益。对因依法被隔离导致不能提供正常劳动的职工，要指导企业按正常劳动支付其工资；隔离期结束后，对仍需停止工作进行治疗的职工，按医疗期有关规定支付工资。对在春节假期延长假期间因疫情防控不能休假的职工，指导企业应先安排补休，对不能安排补休的，依法支付加班工资”。

按照上述规定，农民工因疫情未复工期间，用人单位应当在第一个工资支付周期内按照劳动合同的约定向农民工正常支付工资；超过一个工资支付周期的，应该按照规定发放生活费，保障农民工的基本生活所需。

此外，实践中常常有农民工因私事请假，有的请假几十天甚至几个月，这种情况下用人单位可以不支付事假期间的工资。不仅如此，农民工在请假之前还需要得到用人单位的同意，不能无故旷工，否则可能还会因为违反劳动纪律而受到处罚。

4 农民工应该遵守哪些劳动纪律和职业道德？

《条例》第三条规定，“农民工有按时足额获得工资的权利。任何单位和个人不得拖欠农民工工资。农民工应当遵守劳动纪律和职业道德，执行劳动安全卫生规程，完成劳动任务”。

权利和义务在法律关系上是相对应而存在的，公民既要行使权利，也须履行义务。公民在法律上既是权利的主体又是义务的主体，权利的实现需要义务的履行，义务的履行确保权利的实现。农民工也是一样，有按时足额获得工资的权利，也有遵守劳动纪律和职业道德的义务。

劳动纪律是用人单位为维持生产经营秩序，保证劳动合同得以履行，要求全体员工在集体劳动、工作、生活过程中，以及与劳动、工作紧密相关的其他过程中必须共同遵守的规则。劳动纪律的目的是保证生产、工作的正常进行。农民工是用人单位的一员，必须同样遵守劳动纪律和职业道德。

农民工要遵守的劳动纪律包括多个方面：如考勤纪律，农民工要按规定的时间、地点到达工作岗位，按要求提请事假、病假、年假、探亲假；生产纪律，农民工要根据岗位职责及规则，保质保量完成工作任务；安全卫生纪律，农民工要严格遵守技术操作规程和安全卫生规程；日常工作生活纪律，农民工要节约原材料、爱护用人单位的财产和物品；保密纪律；等等。

农民工也要遵守职业道德。职业道德是整个社会道德体系的重要组成部分，职业道德既受社会公约的制约，同时又促进社会公德的发展。农民工受乡村环境和家庭条件等因素的影响，整体的知识文化水平偏低，容易忽视对自己职业道德的要求。因此企业要注重加强对农民工职业道德的培训，农民工要树立积极的职业态度，培养优良的职业作风，提升职业道德修养。

5 《条例》从哪些方面保障农民工工资支付?

《条例》按照行政部门纵向权力配置结构的逻辑，进一步划分了各级政府主管部门管理农民工工资支付工作的法律主体责任和行政管理义务。

保障农民工工资支付是企业的责任，同时也需要地方政府和相关部门齐抓共管、形成合力。为了规范农民工工资支付行为，保障农民工按时足额获得工资，《条例》主要从治理的源头入手，坚持多主体共同参与的原则，强化落实有关主体的法律责任，坚决落实在拖欠农民工工资问题上的主体监管责任。《条例》分别从用人单位负责制、政府监管、社会监督三个方面提出了保障农民工工资支付行为的法律责任，按照源头治理与标本兼治的原则，依法解决拖欠农民工工资问题。

保障农民工工资支付强调多方共治、综合治理，运用行政、司法、信用和社会监督手段根治农民工欠薪问题，重点对工资支付主体责任和监管责任、工资支付形式和周期、工资清偿、工程建设领域欠薪等作出全面系统规定，为农民工按时足额获得工资建立了系统化的特殊保护制度。例如，规定了农民工实行实名制管理，否则不得入场；编制书面工资支付台账且至少保存3年；拖欠工资先垫付先清偿等制度。这些都为解决拖欠农民工工资问题提供了制度保障。

6 用人单位需要对农民工实行实名制管理吗？

《条例》第六条规定，“用人单位实行农民工劳动用工实名制管理，与招用的农民工书面约定或者通过依法制定的规章制度规定工资支付标准、支付时间、支付方式等内容”。

为了严格规范劳动用工管理、督促各类企业依法与招用的农民工签订劳动合同并严格履行、建立职工名册，同时办理劳动用工备案，2016 年 1 月，《国务院办公厅关于全面治理拖欠农民工工资问题的意见》（国办发〔2016〕1 号）发布实施，要求全面实行农民工实名制管理制度，严厉查处拖欠工资行为，努力实现到 2020 年基本无拖欠的目标。

各类企业应当依法与招用的农民工直接签订劳动合同，建立职工名册并办理劳动用工备案，不得交由不具备用工主体资格的单位和个人与农民工签订劳动合同；在工程建设领域，施工企业（包括施工总承包企业、专业承包企业和劳务分包企业）应当严格规范劳动用工管理，依法与农民工签订劳动合同，实行全员实名制管理，坚持先签订劳动合同后进场施工。

此外，人力资源社会保障部明确了可使用电子劳动合同，2020 年 3 月 4 日印发了《人力资源社会保障部办公厅关于订立电子劳动合同有关问题的函》（人社厅函〔2020〕33 号），明确提出用人单位与劳动者协商一致的，可以采用电子形式订立书面劳动合同。采用电子形式订立劳动合同，应当使用符合《电子签名法》等法律法规规定的可视为书面形式的数据电文和可靠的电子签名。

《条例》规定了用人单位实行农民工劳动用工实名制管理，与招用的农民工书面约定或者通过依法制定的规章制度，规定工资支付标准、支付时间、支付方式等内容。并就工程建设领域农民工劳动用工进一步规定，施工总承包单位或者分包单位未依法与所招用的农民工订立劳动合同并进行用工实名登记的人员，不得进入项目现场施工。否则，由人力资源社会保障行政部门、相关行业工程建设主管部门按照职责责令限期改正；逾期不改正的，责令项目停工，并处 5 万元以上 10 万元以下的罚款；情节严重的，给予施工单位限制承接新工程、降低资质等级、吊销资质证书等处罚。

7 政府部门就保障农民工工资支付的监管职责是如何划分的？

为确保付出劳动和汗水的农民工按时拿到应有的报酬，《条例》全面、系统地规定了保障农民工工资支付的制度和机制，构建了涵盖源头预防、动态监管、事后惩戒全过程的欠薪治理体系。齐抓共管、合力共治是《条例》的重点内容，也是特色内容。《条例》明确了地方政府的属地监管责任，规定县级以上地方人民政府对辖区内保障农民工工资支付工作负责，要求建立工作协调机制、健全目标责任制并纳入政府考核体系。

《条例》明晰了政府部门的监管职责，杜绝部门间推诿扯皮。

（1）人力资源社会保障行政部门在保障农民工工资支付工作中承担组织协调、管理指导、监督检查和案件查处的职责。

（2）住房城乡建设、交通运输、水利等部门按照职责履行行业监管责任，督办各种拖欠农民工工资案件。

（3）发展改革等部门按照职责负责政府投资项目的审批管理，依法依规限制和惩戒拖欠农民工工资失信联合惩戒对象。

（4）财政部门负责政府投资资金的预算管理。

（5）公安机关负责及时受理、侦办、处置因农民工工资拖欠引发的社会治安案件和刑事案件。

另外，《条例》还规定了司法行政、自然资源、人民银行、审计、国有资产管理、税务、市场监管、金融监管等部门，按照职责做好与保障农民工工资支付相关的工作。

8 农民工被欠薪，除行政部门外，还可以向哪些组织寻求帮助?

《条例》第八条规定，“工会、共产主义青年团、妇女联合会、残疾人联合会等组织按照职责依法维护农民工获得工资的权利”。

根据以上规定，农民工可以向工会、共产主义青年团、妇女联合会、残疾人联合会等组织寻求帮助。

（1）工会是职工自愿结合的工人阶级群众组织。中华全国总工会及其各级工会组织代表职工的利益，依法维护职工的合法权益。维护职工合法权益，竭诚服务职工群众是工会的基本职责。对用人单位随意延长劳动时间、克扣工资等严重侵犯农民工劳动权益的违法行为，工会有责任及时反映情况，并代表职工与企业方面就维护职工劳动权益的问题进行交涉，要求用人单位采取措施予以纠正。工会建立法律援助制度，为合法权益受到侵害的农民工提供无偿法律服务。工会法律援助机构自收到申请之日起 7 日内按规定的条件进行审查。对符合条件的，由工会法律援助机构负责人签署意见，作出同意提供法律援助的书面决定，指派法律援助承办人员为农民工提供无偿的法律服务。

（2）共产主义青年团是中国共产党领导的先进青年的群团组织，青年农民工被欠薪，除了可以向工会寻求帮助，还可以向共产主义青年团寻求解决办法。

（3）妇女联合会是全国各族各界妇女为争取进一步的解放与发展而联合起来的群众组织，是中国共产党领导下的人民团体，是党和政府联系妇女群众的桥梁和纽带，是国家政权的重要社会支柱。妇女联合会关心妇女的工作和生活，为妇女提供服务，女性农民工被欠薪还可以向妇女联合会寻求帮助。

（4）残疾人联合会是经国务院批准和国家法律确认的残疾人自身代表性组织，是由中国各类残疾人代表和残疾人工作者组成的全国性残疾人事业团体。其主要职责之一就是宣传贯彻《中华人民共和国残疾人保障法》，维护残疾人在政治、经济、文化、社会等方面平等的公民权利，密切联系残疾人，听取残疾人意见，反映残疾人需求，全心全意为残疾人服务。因此，有残疾的农民工遇到被欠薪的问题，可以向残疾人联合会反映并寻求帮助。

此外，“12351”职工维权热线，对劳动者工资、劳动争议等纠纷以及劳动法律、法规和政策等提供咨询服务。

9 农民工被拖欠工资，是否可以向媒体寻求帮助？

《条例》第九条规定，“新闻媒体应当开展保障农民工工资支付法律法规政策的公益宣传和先进典型的报道，依法加强对拖欠农民工工资违法行为的舆论监督，引导用人单位增强依法用工、按时足额支付工资的法律意识，引导农民工依法维权”。

农民工遭遇被欠薪，除了依法申请仲裁或提起诉讼，还可以寻求媒体的帮助。一些地方政府规定，拖欠农民工工资被媒体曝光后，企业负责人将被约谈。各地政府部门在认真贯彻《国务院办公厅关于全面治理拖欠农民工工资问题的意见》过程中，均严格落实属地管理责任，积极建立健全部门协调机制，通过媒体曝光拖欠农民工工资的典型案件，对恶意欠薪企业形成有力震慑。

同时，《最高人民法院关于进一步清理拖欠工程款和农民工工资案件的通知》规定，在执行拖欠工程款和农民工工资案件过程中，各级法院要重视发挥新闻媒体的舆论监督作用，督促作为被执行人的有关单位和个人主动履行义务。对主动履行、积极履行的有关单位和个人，要选择典型事例通过新闻媒体予以公开报道、表扬；对有履行能力而拒不履行，或者有意、恶意拖欠工程款和农民工工资的有关单位和个人，要在依法给予必要的法律制裁的同时，选择其中的典型案例适时通过新闻媒体予以曝光。

此外，对克扣、无故拖欠劳动者劳动报酬的用人单位，或因欠薪违法行为引发群体事件或极端事件的用人单位，符合人力资源社会保障部《拖欠农民工工资“黑名单”管理暂行办法》《重大劳动保障违法行为社会公布办法》规定情形的，将依规列入拖欠农民工工资“黑名单”，人力资源社会保障行政部门应当按照有关规定，将拖欠工资“黑名单”信息通过部门门户网站、“信用中国”网站、国家企业信用信息公示系统等予以公示。

10 农民工工资被拖欠时，可以向哪些部门投诉？

《条例》第十条第二款、第三款规定，“任何单位和个人对拖欠农民工工资的行为，有权向人力资源社会保障行政部门或者其他有关部门举报。人力资源社会保障行政部门和其他有关部门应当公开举报投诉电话、网站等渠道，依法接受对拖欠农民工工资行为的举报、投诉。对于举报、投诉的处理实行首问负责制，属于本部门受理的，应当依法及时处理；不属于本部门受理的，应当及时转送相关部门，相关部门应当依法及时处理，并将处理结果告知举报、投诉人”。

人力资源社会保障行政部门及下设的劳动保障监察机构根据《劳动保障监察条例》依法开展劳动保障监察工作，有义务对用人单位与农民工订立劳动合同的情况以及支付农民工工资情况等事项实施劳动保障监察。对于用人单位克扣或者无故拖欠农民工工资的，劳动监察大队接受投诉后，5 个工作日内决定是否受理，决定受理的，于受理当日立案。自立案之日起 60 个工作日内完成调查，查证属实的，责令用人单位限期支付农民工的工资报酬。情况复杂的，经人力资源社会保障行政部门负责人批准，可以延长 30 个工作日。

“12333”是人力资源社会保障行政部门向社会公众提供公共服务的电话咨询服务热线，是国家重要的民生服务平台。覆盖了养老保险、生育保险、劳动关系、劳动报酬、职工福利等 10 大类政策信息。农民工被拖欠工资时，可以拨打电话“12333”进行投诉。

“12348”是市、区县司法局及法律援助中心面向广大市民群众的法律咨询专用电话，它接受解答群众的法律咨询，配合调处民间纠纷，及时反映群众的法律需求信息，指导和接受法律援助申请，维护当事人的合法权益、维护司法公正、维护社会稳定。

11 用人单位可以用实物、有价证券等代替工资吗?

《条例》第十一条规定，“农民工工资应当以货币形式，通过银行转账或者现金支付给农民工本人，不得以实物或者有价证券等其他形式替代”。《工资支付暂行规定》第五条明确规定，“工资应当以法定货币支付。不得以实物及有价证券替代货币支付”。《劳动法》第五十条也规定，“工资应当以货币形式按月支付给劳动者本人。不得克扣或者无故拖欠劳动者的工资”。

工资是劳动者向用人单位提供劳动获得的报酬，是劳动者生活的基本保证，法律规定要以货币形式支付劳动者的工资，这不仅由于货币是市场商品的流通手段和支付手段，也是为了保证劳动者真正实现按劳分配，而实物是无法实现货币的职能和作用的。在实际工作中，一些企业由于经济效益不好或者其他原因遇到各种困难，推迟发放工资。但是，无论是什么原因，都必须严格按照法律规定发放工资除非是不可抗力。

因此，农民工的工资应当以法定货币支付，不得以实物或有价证券替代货币支付。用人单位应将工资以货币形式支付给农民工本人。农民工因故不能领取工资时，不能委托他人代领的，用人单位应当直接将工资转入农民工本人的银行账户。

12 农民工的工资能否每个季度发放一次?

《条例》第十二条规定，“用人单位应当按照与农民工书面约定或者依法制定的规章制度规定的工资支付周期和具体支付日期足额支付工资”。第十三条规定，“实行月、周、日、小时工资制的，按照月、周、日、小时为周期支付工资；实行计件工资制的，工资支付周期由双方依法约定”。同时，《劳动法》第五十条也规定，“工资应当以货币形式按月支付给劳动者本人。不得克扣或者无故拖欠劳动者的工资。”

用人单位可以与农民工书面约定工资支付周期，但是工资支付周期不应随意确定，而应当与工时制相对应，实行月、周、日、小时工资制的，按照月、周、日、小时为周期支付工资。也就是说，按照农民工的月出勤率来计算工资的，就应当每月支付工资，月工资制又称“月薪”。如果用人单位与农民工约定按月支付工资的，应当按月支付工资。根据职工的小时工资标准和实际工作的小时数来计算工资的，就应当按照小时支付工资。

在建筑领域，一些企业到年终或者项目完成才发放工资的现象，究其原因，大多是建筑单位资金回笼出现各种问题，不能按时足额支付农民工的工资，极易造成严重后果。因此，《工资支付暂行规定》中规定，工资至少每个月支付一次。用人单位可以按月、周、日、小时为周期支付工资。此外，根据《中华人民共和国个人所得税法》的规定，只要农民工取得的收入，属于个人所得税应税项目，且收入达到纳税标准的，都应依法缴纳个人所得税。

13 农民工与用人单位约定的发放工资日为假期或公休日时怎么处理？加班是否有加班费？

《条例》第十四条规定，“用人单位与农民工书面约定或者依法制定的规章制度规定的具体支付日期，可以在农民工提供劳动的当期或者次期。具体支付日期遇法定节假日或者休息日的，应当在法定节假日或者休息日前支付。用人单位因不可抗力未能在支付日期支付工资的，应当在不可抗力消除后及时支付”。同时，《工资支付暂行规定》第七条也规定，“工资必须在用人单位与劳动者约定的日期支付。如遇节假日或休息日，则应提前在最近的工作日支付。工资至少每月支付一次，实行周、日、小时工资制的可按周、日、小时支付工资”。

用人单位可以与农民工约定每个月的工资支付日期，可以是当月底，也可以是下个月的某一天。如果双方约定好的工资支付日期恰逢周六日或法定节假日，则应当提前发放工资，不能推迟发放。因此，现实中出现有些用人单位遇到周末、节假日就推迟发放工资的做法其实是违法违规的行为，属于无故拖欠工资。用人单位为规避违规风险，保障劳动者权益，应当改为提前支付工资。

关于农民工加班是否有加班费的问题，如果农民工与用人单位之间建立了劳动关系，则单位应按照《劳动法》的规定支付加班费。《劳动法》第四十四条规定，“有下列情形之一的，用人单位应当按照下列标准支付高于劳动者正常工作时间工资的工资报酬：（一）安排劳动者延长工作时间的，支付不低于工资的百分之一百五十的工资报酬；（二）休息日安排劳动者工作又不能安排补休的，支付不低于工资的百分之二百的工资报酬；（三）法定休假日安排劳动者工作的，支付不低于工资的百分之三百的工资报酬”。

14 农民工能否向用人单位索要工资条?

农民工对用人单位制订工资分配方案，享有知情权和监督权，也就是说农民工有权知道自己的福利和工资构成等。

《条例》第十五条规定，“用人单位应当按照工资支付周期编制书面工资支付台账，并至少保存3年。书面工资支付台账应当包括用人单位名称，支付周期，支付日期，支付对象姓名、身份证号码、联系方式，工作时间，应发工资项目及数额，代扣、代缴、扣除项目和数额，实发工资数额，银行代发工资凭证或者农民工签字等内容。用人单位向农民工支付工资时，应当提供农民工本人的工资清单”。

工资条就是工资清单，是员工所在单位定期发给员工的反映其工资的凭证。工资条应该是用人单位发给员工的每月工资的明细，是员工清楚了解自己收入的一种较好形式。一旦发生劳动纠纷，工资条可以作为员工在这个单位的收入证明，也能监督用人单位按时发放工资。工资条分纸质版和电子版两种，记录用人单位给农民工支付工资的分项和收入总额。

15 用人单位因经营不合法被取缔时，农民工的工资应该找谁要？

《条例》第十七条规定，“不具备合法经营资格的单位招用农民工，农民工已经付出劳动而未获得工资的，依照有关法律规定执行”。《条例》并没有直接规定不具备合法经营资格的单位的法律责任，而是表示应依照有关法律执行。实际操作中，“不具备合法经营资格”包括以下情形：

（1）应当取得而未依法取得许可证或者其他批准文件和营业执照，擅自从事经营活动的无照经营行为；

（2）无须取得许可证或者其他批准文件即可取得营业执照而未依法取得营业执照，擅自从事经营活动的无照经营行为；

（3）已经依法取得许可证或者其他批准文件，但未依法取得营业执照，擅自从事经营活动的无照经营行为；

（4）已经办理注销登记或者被吊销营业执照，以及营业执照有效期届满后未按照规定重新办理登记手续，擅自继续从事经营活动的无照经营行为；

（5）超出核准登记的经营范围，擅自从事应当取得许可证或者其他批准文件方可从事的经营活动的违法经营行为。

根据《中华人民共和国劳动合同法》（以下简称《劳动合同法》）第九十三条规定，“对不具备合法经营资格的用人单位的违法犯罪行为，依法追究法律责任；劳动者已经付出劳动的，该单位或者其出资人应当依照本法有关规定向劳动者支付劳动报酬、经济补偿、赔偿金；给劳动者造成损害的，应当承担赔偿责任”。因此，对于用人单位不具备合法经营资格，但劳动者已经付出劳动的，依然由该用人单位或者出资人按照《劳动合同法》的规定向劳动者支付劳动报酬、经济补偿、赔偿金。单位不具备合法经营资质并不能免除其支付劳动报酬的义务。

16 因劳务派遣不合法导致工资被拖欠时，农民工的工资该找谁讨要？

根据《条例》第十八条规定，“用工单位使用个人、不具备合法经营资格的单位或者未依法取得劳务派遣许可证的单位派遣的农民工，拖欠农民工工资的，由用工单位清偿，并可以依法进行追偿”。同时，《劳务派遣行政许可实施办法》第六条规定，“经营劳务派遣业务，应当向所在地有许可管辖权的人力资源社会保障行政部门（以下称许可机关）依法申请行政许可。未经许可，任何单位和个人不得经营劳务派遣业务”。

劳务派遣是指由劳务派遣单位与被派遣劳动者订立劳动合同，把劳动者派向其他用工单位工作，用工单位向劳务派遣单位支付一笔服务费用的一种用工形式。

劳务派遣单位应当具备下列条件：（1）注册资本不得少于人民币200万元；（2）有与开展业务相适应的固定的经营场所和设施；（3）有符合法律、行政法规规定的劳务派遣管理制度；（4）法律、行政法规规定的其他条件。此外，经营劳务派遣业务，应当向劳动行政部门依法申请行政许可；经许可的，依法办理相应的公司登记。未经许可的，任何单位和个人不得经营劳务派遣业务。如果派遣机构不合法，没有派遣的资质，导致拖欠农民工工资的，应当由使用农民工的用人单位支付工资。当然，使用农民工的用人单位支付农民工工资后，可以向派遣农民工的组织或个人追偿。

17 由于个人承包导致农民工工资被拖欠的，由谁负责清偿？

《条例》第十九条规定，“用人单位将工作任务发包给个人或者不具备合法经营资格的单位，导致拖欠所招用农民工工资的，依照有关法律规定执行。用人单位允许个人、不具备合法经营资格或者未取得相应资质的单位以用人单位的名义对外经营，导致拖欠所招用农民工工资的，由用人单位清偿，并可以依法进行追偿”。《劳动合同法》第九十四条规定，“个人承包经营违反本法规定招用劳动者，给劳动者造成损害的，发包的组织与个人承包经营者承担连带赔偿责任”。

任何单位或者个人不得违反法律、法规或国务院的政策规定，从事无证或无照经营。用人单位将业务或经营权发包给不具备用工主体资格的组织或自然人，承包组织或自然人招用的农民工被拖欠工资时，由具备用工主体资格的发包方承担用工主体责任。即发包单位和承包的组织或者个人要承担连带责任，农民工可以找任何一方主张工资权利。如果是由于用人单位允许个人以单位的名义承包，导致拖欠农民工工资的情况，应由用人单位清偿，用人单位向农民清偿后，可以依法对该个人进行追偿。

因此，这里需要区分个人承包是以个人名义还是以单位名义，两者需要作出不同的处理。如果是以个人名义承包，导致拖欠所招用农民工工资的，发包单位和承包的组织或者个人要承担连带责任。如果是用人单位允许个人使用单位的名义承包，导致拖欠所招用农民工工资的，由用人单位清偿，其清偿后可以依法对该个人进行追偿。

18 农民工能否要求企业合伙人承担清偿责任?

《条例》第二十条规定，“合伙企业、个人独资企业、个体经济组织等用人单位拖欠农民工工资的，应当依法予以清偿；不清偿的，由出资人依法清偿”。《中华人民共和国合伙企业法》（以下简称《合伙企业法》）第三十九条规定，“合伙企业对其债务，应先以其全部财产进行清偿。合伙企业财产不足清偿到期债务的，各合伙人应当承担无限连带清偿责任”。

合伙企业是指依照《合伙企业法》在中国境内设立的由各合伙人订立合伙协议，共同出资、合伙经营、共享收益、共担风险，并对合伙企业债务承担无限连带责任的营利性组织。因合伙企业不具备法人资质，普通合伙人不受有限责任的保护，合伙企业的财产不足清偿债务的，全体普通合伙人应对合伙企业未能清偿的债务部分承担无限连带责任。合伙企业拖欠农民工的工资，也是对外应当清偿的债务，企业财产不足时，普通合伙人应当负责清偿。

因此，合伙企业应先以其全部财产对农民工工资负清偿责任，当合伙企业财产不足清偿时，农民工可以要求企业合伙人承担责任。

19 施工总承包单位开工建设前，没有建立农民工工资专用账户合法吗？

《条例》第二十六条规定，“施工总承包单位应当按照有关规定开设农民工工资专用账户，专项用于支付该工程建设项目农民工工资。开设、使用农民工工资专用账户有关资料应当由施工总承包单位妥善保存备查”。

在建筑工程领域，普遍存在分包、转包等情况，一直以来，没钱发放农民工工资或者工钱和工程款相混淆的问题比较突出，为解决“没钱发”和“专款专用”问题，确保农民工的工资不再因为建设工程违法分包、转包等原因被拖欠，我国法律规定了农民工工资专用账户制度。总包单位在开工建设前，为保证农民工工资能够足额及时发放，要依法在银行设立农民工工资支付的专用账户，建设单位从源头上将人工费用从工程款中剥离出来，确保人工费优先拨付到位，防止人工费与材料费、管理费等资金混同或者被挤占。

同时还要求开设、使用农民工工资专用账户的有关资料应当由施工总承包单位妥善保存备查，因此施工总承包单位须保存好开设专用账户的相关资料，以备随时检查，而且在发生争议时，相关资料可以作为证据使用。

《条例》明确要求施工总承包单位应当按照有关规定

开设农民工工资专用账户，所以总承包单位没有设立农民工工资专用账户就开工建设，属于违法行为。

20 农民工到建筑工地打工，不签劳动合同可以进场工作吗?

《条例》第二十八条第一款规定，“施工总承包单位或者分包单位应当依法与所招用的农民工订立劳动合同并进行用工实名登记，具备条件的行业应当通过相应的管理服务信息平台进行用工实名登记、管理。未与施工总承包单位或者分包单位订立劳动合同并进行用工实名登记的人员，不得进入项目现场施工”。《劳动合同法》第十条第一款、第二款也规定，“建立劳动关系，应当订立书面劳动合同。已建立劳动关系，未同时订立书面劳动合同的，应当自用工之日起一个月内订立书面劳动合同”。

很多农民工到建筑工地打工，都不想签订劳动合同，认为签了合同对自己就是一种束缚，自己想离开工地去其他地方打工，会变得更加困难。其实这种想法是错误的，劳动合同对农民工来说不仅不是束缚，反而是维护其合法权益的有利证据。劳动合同的存在可以证明劳动关系，劳动者在合法权益受到侵害时，即可将其作为证据主张各项权益。

例如，对农民工来说，比较常见的劳动争议是对工伤的认定，根据我国《工伤保险条例》规定，提出工伤认定申请应该提交与用人单位存在劳动关系（包括事实劳动关系）的证明材料，而工伤保险支付的前提就是经过工伤认定。因此，劳动关系的证明在工伤保险的赔付中非常重要，对农民工来说，签订劳动合同是对其合法权益的一种保障。

现实中，农民工到建筑工地打工，有的人因为年龄等原因会冒用他人的身份证办理进场手续。这种冒用他人身份证办理进场手续的做法存在较大的法律风险。如果在建筑工地打工出现被拖欠工资或者发生工伤等情形，由于不是本人的真实姓名，维权会变得异常困难。为了避免农民工工资被拖欠的情况发生，法律明确规定，农民工进场施工要进行身份证实名登记。

21 施工总承包单位应当监督管理分包单位的哪些事项？

《条例》第二十八条第二款、第三款规定，“施工总承包单位应当在工程项目部配备劳资专管员，对分包单位劳动用工实施监督管理，掌握施工现场用工、考勤、工资支付等情况，审核分包单位编制的农民工工资支付表，分包单位应当予以配合。施工总承包单位、分包单位应当建立用工管理台账，并保存至工程完工且工资全部结清后至少 3 年”。

在建筑行业，由于用工形式灵活，农民工流动频繁等，施工总承包单位实际上并不对农民工进行管理，而是由分包单位或者包工头对农民工进行管理。但是施工总承包单位不能完全不管，而要对分包单位劳动用工情况进行监督管理，因为一旦分包单位拖欠农民工工资，农民工向施工总承包单位索要工资，施工总承包单位须先行清偿。所以施工总承包单位应当及时掌握施工现场的用工、考勤、工资支付等情况，以便支付农民工工资时有据可查。

这就要求分包单位平时就对施工现场的用工、考勤、工资支付等进行记录管理，并制作工资支付表，交到施工总承包单位审核，并建立用工管理台账，保存至工程完工且工资全部结清后至少 3 年。

22 农民工工资因承包方未拿到工程款而被拖欠时，可否找建设单位讨要？

《条例》第二十九条第一款、第二款规定，“建设单位应当按照合同约定及时拨付工程款，并将人工费用及时足额拨付至农民工工资专用账户，加强对施工总承包单位按时足额支付农民工工资的监督。因建设单位未按照合同约定及时拨付工程款导致农民工工资拖欠的，建设单位应当以未结清的工程款为限先行垫付被拖欠的农民工工资”。

建筑领域用工形式较为复杂，层层转包，违法分包的情况时有发生。在建筑工地发生欠薪的主要原因是发包方和承包方之间对工程款的结算存在争议。实务中，建设单位和施工单位之间的工程款结算大多约定按照工程进度支付，但是各种推迟结算的情况往往是由建设单位导致的，施工单位处于合同劣势，一般很难按时拿到工程款。

为了解决这一问题，《条例》作出了专项规定。如果因为建设单位没有按照合同约定及时拨付工程款，导致农民工工资被拖欠的，建设单位应当在欠付工程款的范围内先行垫付农民工工资。此外，建设单位应当以项目为单位建立保障农民工工资支付协调机制和农民工工资拖欠预防机制，督促施工总承包单位加强劳动用工管理，妥善处理与农民工工资支付相关的矛盾纠纷，保障农民工工资被及时足额支付。

23 劳务公司拖欠工资，农民工可以找总承包单位要吗?

《条例》第三十条规定，“分包单位对所招用农民工的实名制管理和工资支付负直接责任。施工总承包单位对分包单位劳动用工和工资发放等情况进行监督。分包单位拖欠农民工工资的，由施工总承包单位先行清偿，再依法进行追偿。工程建设项目转包，拖欠农民工工资的，由施工总承包单位先行清偿，再依法进行追偿”。

现实中，建筑领域的发包方式一般是，建设单位把建筑工程发包给总承包单位，总承包单位再把部分工程分包给劳务公司，劳务公司组织协调班组长或者包工头招用农民工进行施工。如果劳务公司拖欠农民工工资，农民工可以要求总承包单位先行垫付农民工工资，总承包单位垫付农民工工资后可以直接从应支付给劳务公司工程款中扣除先行垫付的工资。

此外，农民工到建筑工地打工，一般都是预支部分生活费，工程完工或者年底时由劳务公司再统一支付工资。如果劳务公司没有拿到工程款或者工地出现意外伤害事故，劳务公司可能会以工程承包亏损为由，拒绝向农民工发放足额工资，如果出现以上情形，农民工可以找工程总承包单位寻求帮助，要求其督促劳务公司向农民工发放工资，也可以要求总承包单位先行垫付农民工工资。

24 分包单位每月制作的工资表需要农民工本人签字确认吗？

《条例》第三十一条第一款、第二款规定，“工程建设领域推行分包单位农民工工资委托施工总承包单位代发制度。分包单位应当按月考核农民工工作量并编制工资支付表，经农民工本人签字确认后，与当月工程进度等情况一并交施工总承包单位”。

工程建设领域推行分包单位农民工工资委托施工总承包单位代发制度。考虑到建设工程领域工资发放的情况比较复杂，存在建设单位的平行分包、指定分包等情况，因此没有进行强制性的规定。采取总包代发制度可以减少工资支付环节，降低拖欠、克扣农民工工资的可能性，确保工资按时足额地发放至农民工本人账户。由此，分包单位就需要根据农民工的工作量制作工资支付表，交到施工总承包单位处，作为工资发放的依据。

农民工到建筑工地打工，在平时记录施工日志时应记载自己的考勤情况，由班组长负责每个班组的考勤统计，劳务公司会根据班组长记录的考勤情况，核算出农民工的工资。根据法律规定，劳务公司每个月制作的农民工工资支付表需要由农民工本人签字确认，经签字确认过的工资支付表才能作为总承包单位发放工资的依据。

此外，《国务院办公厅关于全面治理拖欠农民工工资问题的意见》中也提出：在工程建设领域，鼓励实行分包企业农民工工资委托施工总承包企业直接代发的方法。分包企业负责为招用的农民工申办银行个人工资专用账户并办理实名制银行卡，按月考核农民工工作量并编制工资支付表，经农民工本人签字确认后，交施工总承包企业委托银行通过其设立的农民工工资（劳务费）专用账户直接将工资划入农民工的个人工资账户。

25 用人单位扣押农民工的社保卡和银行卡的做法合法吗?

《条例》第三十一条第三款、第四款规定，“施工总承包单位根据分包单位编制的工资支付表，通过农民工工资专用账户直接将工资支付到农民工本人的银行账户，并向分包单位提供代发工资凭证。用于支付农民工工资的银行账户所绑定的农民工本人社会保障卡或者银行卡，用人单位或者其他人员不得以任何理由扣押或者变相扣押”。《劳动合同法》第九条规定，“用人单位招用劳动者，不得扣押劳动者的居民身份证和其他证件，不得要求劳动者提供担保或者以其他名义向劳动者收取财物”。

根据法律规定，农民工到建筑工地打工的，劳务公司会统一为农民工办理银行卡，以方便向农民工发放工资。如果劳务公司收集农民工身份证等证件，为农民工办理银行卡和社保卡后，不向农民工返还身份证或者银行卡的，属于违法行为。

为了防止用人单位或者其他人员扣押或者变相扣押农民工社保卡或银行卡，《条例》第三十一条作出了明确规定，并且在第五十四条还规定了违反该条规定应负的法律责任。

26 哪些情形可以申请用农民工工资保证金来支付工资？

《条例》第三十二条规定，“施工总承包单位应当按照有关规定存储工资保证金，专项用于支付为所承包工程提供劳动的农民工被拖欠的工资。工资保证金实行差异化存储办法，对一定时期内未发生工资拖欠的单位实行减免措施，对发生工资拖欠的单位适当提高存储比例。工资保证金可以用金融机构保函替代。工资保证金的存储比例、存储形式、减免措施等具体办法，由国务院人力资源社会保障行政部门会同有关部门制定”。

在建筑领域，国家确立了农民工工资保证金制度，施工总承包单位在项目开工建设之前，应当先行存储农民工工资保证金，预存的农民工工资保证金只能专项用于支付为所承包工程提供劳动的农民工被拖欠的工资。如果出现建筑施工单位负责人或项目负责人逃匿或死亡，建筑施工单位将农民工工资发给包工头或不具备用工主体资格的组织或个人造成拖欠，工程分包企业未按有关规定支付农民工工资造成拖欠等情形，农民工可以申请动用农民工工资保证金发放工资。

工资保证金是2016年国务院办公厅全面清理工程建设领域各类保证金时保留的四项保证金之一，实践中各省市也相应出台了具体政策，对工资保证金的缴纳标准和缴纳比例进行了规定，并采取差异化缴存办法。根据拖欠农民工工资单位的表现，采取区别化的对待办法，对一定时期内未发生工资拖欠的企业实行减免措施，对发生工资拖欠的企业适当提高缴存比例。

27 农民工工资专用账户会被法院冻结吗?

《条例》第三十三条规定，“除法律另有规定外，农民工工资专用账户资金和工资保证金不得因支付为本项目提供劳动的农民工工资之外的原因被查封、冻结或者划拨”。

建筑领域农民工工资推行由总承包单位代发工资制度，总承包单位在开工建设之前，应当在银行开设保障农民工工资支付专用账户，专门用于发放农民工工资。法律明确规定了农民工工资专用账户和工资保证金不能因为总承包单位的其他经济纠纷案件而被冻结或者查封。

之所以在建筑领域实行农民工工资由总承包单位代发工资制度，就是为了保障农民工工资的及时、足额发放，防止分包单位等故意拖欠农民工工资，或者总承包单位克扣农民工工资。因此，即使是法院也不能因为其他与农民工无关的案件而冻结农民工工资专用账户。所以，如果总承包单位以农民工工资专用账户因其他案件被法院冻结为由而不发工资，这种说法就是在推脱责任。

此外，根据2020年12月15日发布的《最高人民法院、人力资源社会保障部、中国银保监会关于做好防止农民工工资专用账户资金和工资保证金被查封、冻结或者划拨有关工作的通知》第三条规定，“对农民工工资专用账户中明显超出工程施工合同约定并且明显超出足额支付该项目农民工工资所需全部人工费的资金，对工资保证金账户中超出工资保证金主管部门公布的资金存储规定部分的资金，人民法院经认定可依法采取冻结或者划拨措施。当事人及有关单位、个人利用两类账户规避、逃避执行的，应当依法承担责任”。因此，在例外情形下，法院也可能对农民工工资专用账户和工资保证金账户依法冻结或划拨。

28 农民工工资被拖欠后想要维权时，应该如何查询工程施工的相关信息？

《条例》第三十四条规定，“施工总承包单位应当在施工现场醒目位置设立维权信息告示牌，明示下列事项：（一）建设单位、施工总承包单位及所在项目部、分包单位、相关行业工程建设主管部门、劳资专管员等基本信息；（二）当地最低工资标准、工资支付日期等基本信息；（三）相关行业工程建设主管部门和劳动保障监察投诉举报电话、劳动争议调解仲裁申请渠道、法律援助申请渠道、公共法律服务热线等信息”。

现实中，农民工到建筑工地打工时，很可能出现工资被拖欠的情况。由于农民工的法律意识相对淡薄，工资被拖欠后经常出现不知道该找谁要的情况，有时也不知道该如何维护自己的合法权益。根据法律规定，建筑工地应当在施工现场醒目位置设立维权信息告示牌，告示牌应该明确公示施工总承包单位、项目部、劳务分包信息、工资支付日期、监管部门电话等信息。

因此，农民工应该注意施工现场的维权信息告示牌，记住告示牌上公示的信息，以方便维护自己的合法权益。例如，告示牌上记载了当地最低工资标准、工资支付日期等信息，如果单位所发工资低于当地工资最低标准，或者未按期发放工资，即可向单位主张权利。如果发现劳务公司或者施工分包单位或者施工总承包单位等存在违法行为，损害农民工合法权益的情况，即可根据告示牌上的信息，向工程建设主管部门和劳动保障监察投诉举报，申请劳动争议调解仲裁和法律援助，还可以拨打公共法律服务热线寻求帮助。

29 因总承包单位违法分包导致工资被拖欠，可以要求其清偿吗？

《条例》第三十六条规定，“建设单位或者施工总承包单位将建设工程发包或者分包给个人或者不具备合法经营资格的单位，导致拖欠农民工工资的，由建设单位或者施工总承包单位清偿。施工单位允许其他单位和个人以施工单位的名义对外承揽建设工程，导致拖欠农民工工资的，由施工单位清偿”。

建筑领域用工相对混乱，建筑工程项目被层层（违法）分包或者转包的情况经常发生，特别是建筑工程被施工总承包单位违法分包或者转包给不具备用工主体资质的包工头，这是导致农民工工资被拖欠的主要原因。如果因为总承包单位违法分包导致农民工的工资被拖欠，农民工可以向总承包单位提出先行垫付的申请，总承包单位应当先行垫付农民工工资。此外，其他单位以施工单位的名义对外承揽建设工程，导致农民工工资被拖欠的，若是经过施工单位允许的，应该由施工单位清偿。

至于施工总承包单位承担清偿义务后是否可以向实际用人单位追偿，应当区别不同的情况分别处理：在转包或者挂靠的情形下，施工总承包单位清偿后均可依法进行追偿。在将工程发包给个人或不具备合法经营资格单位的情况下，参照上文中关于建设单位工程发包给个人或不具备合法经营资格单位的情况，有权要求个人或不具备合法经营资格单位清偿其应当承担的份额。

30 因建设项目违法导致工资被拖欠，农民工可以要求建设单位发放工资吗？

《条例》第三十七条规定，“工程建设项目违反国土空间规划、工程建设等法律法规，导致拖欠农民工工资的，由建设单位清偿”。

违法发包、分包、转包的现象扰乱了建设工程领域的正常秩序。根据相关法律规定，工程建设项目在开工前需要办理施工许可证等审批手续，但现实中也存在企业用村集体的土地修建小产权房项目违法用地的情况。违法的建设项目很有可能在被政府查处后而停止建设，这个时候就有可能出现农民工工资被拖欠的问题。

根据《条例》第三十六、第三十七条规定，因工程建设项目违反国家有关法律法规，导致农民工工资被拖欠的，由建设单位清偿。此外，若建设单位将建设工程发包给个人或者不具备合法经营资格的单位，导致拖欠农民工工资的，也应由建设单位清偿。

将建设单位作为农民工工资支付的最终保障主体，在一定程度上加重了建设单位的责任，对建设工程规范发包、分包、转包或者合法合规建设提出了更高的要求。最后提醒农民工朋友，如果遇到因为建设项目违法导致工资被拖欠的问题，可以找建设单位讨要工资。

31 用人单位未落实保障农民工工资相关制度的，农民工可以到哪些部门投诉呢？

《条例》第三十九条规定，“人力资源社会保障行政部门、相关行业工程建设主管部门和其他有关部门应当按照职责，加强对用人单位与农民工签订劳动合同、工资支付以及工程建设项目实行农民工实名制管理、农民工工资专用账户管理、施工总承包单位代发工资、工资保证金存储、维权信息公示等情况的监督检查，预防和减少拖欠农民工工资行为的发生”。

《条例》明确提出建筑领域的农民工也要签订书面的劳动合同、确立农民工务工实名制度、农民工工资专用账户制度、施工总承包单位代发工资制度、工资保证金存储制度、维权信息公示等情况的监督检查等，预防和减少拖欠农民工工资的发生。建筑领域相关工程建设单位如果未依法落实保障农民工工资支付的相关制度，农民工可以到人力资源社会保障行政部门、相关行业工程建设主管部门和其他有关部门投诉。上述有关部门应当按照职责，对投诉的相关单位和事项进行监督检查，及时解决拖欠农民工工资的问题。该规定也是希望通过规定人力资源社会保障行政部门、相关行业工程建设主管部门和其他有关部门的职责，建立“一金五制”等长效机制，从源头上预防和减少拖欠农民工工资现象的发生。

32 用人单位拖欠农民工工资，劳动监察部门能查询到相关单位的其他财产吗?

《条例》第四十条规定，“人力资源社会保障行政部门在查处拖欠农民工工资案件时，需要依法查询相关单位金融账户和相关当事人拥有房产、车辆等情况的，应当经设区的市级以上地方人民政府人力资源社会保障行政部门负责人批准，有关金融机构和登记部门应当予以配合”。

很多农民工到建筑工地打工时都没有签订书面的劳动合同，对于工资标准只是老板的口头承诺，一旦项目工程完结后老板否认工资标准，农民工没有任何证据可以证实。在这种情形下，老板有可能以没有钱为由，不予发放工资或者要求降低农民工工资。遇到这种情况，农民工可以到劳动监察部门投诉，劳动监察部门可以查询相关单位的金融账户、车辆及房产情况。

人力资源社会保障行政部门进行查询前，应当经设区的市级以上地方人民政府人力资源社会保障行政部门负责人批准，未经审批不得擅自进行调查。此外，需要查询当事人金融账户存款的，金融机构和登记部门应当予以配合。需要查询相关当事人的房产、车辆等情况的，所在地的不动产登记机构及交通管理部门车辆管理所应该予以协助核查。

33 拖欠农民工工资案件中，无法核实企业负责人身份信息怎么办?

《条例》第四十一条规定，“人力资源社会保障行政部门在查处拖欠农民工工资案件时，发生用人单位拒不配合调查、清偿责任主体及相关当事人无法联系等情形的，可以请求公安机关和其他有关部门协助处理。人力资源社会保障行政部门发现拖欠农民工工资的违法行为涉嫌构成拒不支付劳动报酬罪的，应当按照有关规定及时移送公安机关审查并作出决定”。

很多农民工都是跟着同乡出来打工，也有的农民工是经过工友的介绍到陌生的建筑工地打工。经常会出现农民工只知道企业负责人的姓氏，并不清楚真实名字，也从来没有看过企业负责人的身份证件，对于其联系方式等信息一无所知。当农民工工资被拖欠时，企业负责人出具的欠条上是不是其真实姓名都无法核实。如果企业负责人跑路，农民工可以向当地的劳动监察部门投诉，劳动监察部门可以在公安机关的帮助下查询企业负责人的身份信息。

此外，人力资源社会保障行政部门在查处拖欠农民工工资案件时，如果发生相关当事人无法联系等情况，应当主动请求公安机关和其他有关部门协助处理。

34 劳动监察部门责令用人单位支付工资，用人单位仍不支付该怎么办呢？

《条例》第四十一条规定，“人力资源社会保障行政部门在查处拖欠农民工工资案件时，发生用人单位拒不配合调查、清偿责任主体及相关当事人无法联系等情形的，可以请求公安机关和其他有关部门协助处理。人力资源社会保障行政部门发现拖欠农民工工资的违法行为涉嫌构成拒不支付劳动报酬罪的，应当按照有关规定及时移送公安机关审查并作出决定”。《劳动合同法》第三十条第二款规定，“用人单位拖欠或者未足额支付劳动报酬的，劳动者可以依法向当地人民法院申请支付令，人民法院应当依法发出支付令”。

根据建筑领域的用工形式，很多农民工的工资都是年底时才统一发放，农民工最盼望的事情就是能够拿着自己辛苦一年的工资回家过年。如果农民工工资被拖欠，向劳动监察部门投诉是最快的维权途径，劳动监察部门有可能在年前帮助农民工要回被拖欠的工资。但是，有的农民工向劳动监察部门投诉后，用人单位仍然以各种理由拒绝支付工资，或者用人单位拒不配合调查，找各种理由搪塞，甚至有时根本联系不到相关当事人。这时，劳动监察部门也可以向用人单位发出限期发放工资的通知函。用人单位仍然不支付的则可能涉嫌拒不支付劳动报酬罪，可以将相关证据转交公安机关处理。

此外，关于拖欠农民工工资是否适用《劳动合同法》第八十五条中关于未按照劳动合同的约定或者国家规定及时足额支付劳动者劳动报酬的，用人单位按应付金额50% 以上 100% 以下的标准向劳动者加付赔偿金的问题，如果农民工与用人单位已经建立劳动关系，在有劳动合同约定或者国家规定的情况下，该条规定适用。

35 因建筑工程存在违法分包或者转包导致拖欠农民工工资的，农民工可以到哪些部门投诉?

《条例》第四十三条规定，“相关行业工程建设主管部门应当依法规范本领域建设市场秩序，对违法发包、转包、违法分包、挂靠等行为进行查处，并对导致拖欠农民工工资的违法行为及时予以制止、纠正”。

根据我国法律的规定，建筑公司承包建筑工程必须具有相应的承包资质，严禁将建筑工程违法分包或者转包给不具备施工资质的企业或者个人。建筑工程被违法分包或者转包，建筑领域用工形式混乱，是导致农民工工资被拖欠的主要原因。如果建筑工程存在违法分包或者转包的情形，农民工可以到相关行业工程建设主管部门投诉。相关行业工程建设主管部门应当根据接到的投诉进行查处，对导致拖欠农民工工资的违法行为及时予以制止、纠正。

根据《国务院办公厅关于全面治理拖欠农民工工资问题的意见》，人力资源社会保障部门要加强组织协调和督促检查，加大劳动保障监察执法力度。住房城乡建设、交通运输、水利等部门要切实履行行业监管责任，规范工程建设市场秩序，督促企业落实劳务用工实名制管理等制度规定，负责督办因挂靠承包、违法分包、转包、拖欠工程款等造成的欠薪案件。发展改革委等部门要加强对政府投资项目的审批管理，严格审查资金来源和筹措方式。财政部门要加强对政府投资项目建设全过程的资金监管，按规定及时拨付财政资金。其他相关部门要根据职责分工，积极做好保障农民工工资支付的工作。

36 农民工被拖欠工资后，能否申请法律援助?

《条例》第四十五条规定，“司法行政部门和法律援助机构应当将农民工列为法律援助的重点对象，并依法为请求支付工资的农民工提供便捷的法律援助。公共法律服务相关机构应当积极参与相关诉讼、咨询、调解等活动，帮助解决拖欠农民工工资问题”。

《中华人民共和国法律援助法》（以下简称《法律援助法》）第三十一条规定，“下列事项的当事人，因经济困难没有委托代理人的，可以向法律援助机构申请法律援助：（一）依法请求国家赔偿；（二）请求给予社会保险待遇或者社会救助；（三）请求发给抚恤金；（四）请求给付赡养费、抚养费、扶养费；（五）请求确认劳动关系或者支付劳动报酬；（六）请求认定公民无民事行为能力或者限制民事行为能力；（七）请求工伤事故、交通事故、食品药品安全事故、医疗事故人身损害赔偿；（八）请求环境污染、生态破坏损害赔偿；（九）法律、法规、规章规定的其他情形”。

根据上述法律规定，农民工被拖欠工资，请求支付劳动报酬的，因经济困难没有委托代理人的，可以向法律援助机构申请法律援助。如北京市规定，农民工因请求支付劳动报酬或者工伤赔偿申请法律援助的，不需要提供经济困难证明，现实中提供户口本证明农业户口性质即可。

37 农民工遭遇欠薪，可以去哪里申请法律援助？

根据《法律援助法》规定，请求支付劳动报酬的，需向支付劳动报酬的义务人住所地的法律援助机构提出申请。现实中可能会有两个以上的支付劳动报酬义务人，因此可以从中进行选择，另外根据《中华人民共和国民事诉讼法》和《中华人民共和国劳动争议调解仲裁法》的规定，劳务合同纠纷的案件管辖法院可以是被告住所地或者合同履行地，而劳动争议的案件管辖仲裁除了用人单位所在地，还可以是劳动合同履行地。因此各省市对于法律援助申请有不同的规定。

以北京市为例，《北京市法律援助条例》明确公民申请法律援助的事项属于诉讼事项的，向有管辖权的人民法院所在地的法律援助机构提出。公民申请法律援助的事项属于非诉讼法律事务的，需向有权处理机关所在地、申请人住所地或者事项发生地的法律援助机构提出。

38 对于拖欠农民工工资的用人单位，是否应对其进行曝光？

《条例》第四十七条规定，“人力资源社会保障行政部门应当建立用人单位及相关责任人劳动保障守法诚信档案，对用人单位开展守法诚信等级评价。用人单位有严重拖欠农民工工资违法行为的，由人力资源社会保障行政部门向社会公布，必要时可以通过召开新闻发布会等形式向媒体公开曝光”。《拖欠农民工工资“黑名单”管理暂行办法》第七条规定，“人力资源社会保障行政部门应当按照有关规定，将拖欠工资‘黑名单’信息通过部门门户网站、‘信用中国’网站、国家企业信用信息公示系统等予以公示”。

根据上述法律规定，如果用人单位有严重拖欠农民工工资违法行为的，由人力资源社会保障行政部门向社会公布，必要时可以通过召开新闻发布会等形式向媒体公开曝光，或者通过部门门户网站、“信用中国”网站、国家企业信用信息公示系统等予以公示。以此对用人单位予以惩戒，督促用人单位合法用工，保障农民工的合法权益。不过，目前对于如何界定严重拖欠行为还没有明确的规定，有待法律法规或者司法解释予以明确。

39 拖欠农民工工资的用人单位或者个人是否会被列入“黑名单”？

《条例》第四十八条规定，“用人单位拖欠农民工工资，情节严重或者造成严重不良社会影响的，有关部门应当将该用人单位及其法定代表人或者主要负责人、直接负责的主管人员和其他直接责任人员列入拖欠农民工工资失信联合惩戒对象名单，在政府资金支持、政府采购、招投标、融资贷款、市场准入、税收优惠、评优评先、交通出行等方面依法依规予以限制。拖欠农民工工资需要列入失信联合惩戒名单的具体情形，由国务院人力资源社会保障行政部门规定”。

《拖欠农民工工资“黑名单”管理暂行办法》第五条规定，“用人单位存在下列情形之一的，人力资源社会保障行政部门应当自查处违法行为并作出行政处理或处罚决定之日起 20 个工作日内，按照管辖权限将其列入拖欠工资‘黑名单’。（一）克扣、无故拖欠农民工工资报酬，数额达到认定拒不支付劳动报酬罪数额标准的；（二）因拖欠农民工工资违法行为引发群体性事件、极端事件造成严重不良社会影响的。将劳务违法分包、转包给不具备用工主体资格的组织和个人造成拖欠农民工工资且符合前款规定情形的，应将违法分包、转包单位及不具备用工主体资格的组织和个人一并列入拖欠工资‘黑名单’”。第八条规定，“人力资源社会保障行政部门应当按照有关规定，将拖欠工资‘黑名单’信息纳入当地和全国信用信息共享平台，由相关部门在各自职责范围内依法依规实施联合惩戒，在政府资金支持、政府采购、招投标、生产许可、资质审核、融资贷款、市场准入、税收优惠、评优评先等方面予以限制”。

根据上述规定，用人单位拖欠农民工工资，情节严重或者造成严重不良社会影响的，有关部门应当将该用人单位及其法定代表人或者主要负责人、直接负责的主管人员和其他直接责任人员列入拖欠农民工工资失信联合惩戒对象名单，在政府资金支持、政府采购、招投标、融资贷款、市场准入、税收优惠、评优评先、交通出行等方面依法依规予以限制。

40 建设单位未提供支付担保等导致拖欠农民工工资的，是否会对建设单位产生影响？

《条例》第四十九条规定，“建设单位未依法提供工程款支付担保或者政府投资项目拖欠工程款，导致拖欠农民工工资的，县级以上地方人民政府应当限制其新建项目，并记入信用记录，纳入国家信用信息系统进行公示”。这一条规定是对第二十四条规定的延伸，是对建设单位未落实第二十四条规定的具体惩罚措施。

因建设单位未提供支付担保或者政府投资项目拖欠工资款导致拖欠农民工工资的，对建设单位肯定是有影响的。建设单位将工程发包给了施工单位，应当由施工单位承担支付农民工工资的责任，但是根据《条例》规定，建设单位应当向施工单位提供工程款支付担保。如果因为建设单位未提供担保，或者政府投资项目拖欠工程款导致拖欠工资，县级以上地方人民政府应当限制其新建项目，并记入信用记录，纳入国家信用信息系统进行公示。一旦政府限制其新建项目，并记入信用记录，势必会影响该建设单位的信誉、形象，并影响其他新建项目。

41 如果农民工和用人单位就拖欠工资事实存在争议，应当由谁来承担举证责任？

《条例》第五十条规定，“农民工与用人单位就拖欠工资存在争议，用人单位应当提供依法由其保存的劳动合同、职工名册、工资支付台账和清单等材料；不提供的，依法承担不利后果”。

举证责任，又称证明责任，是指当事人对自己提出的主张有收集或提供证据的义务，并有运用该证据证明主张的案件事实成立或有利于自己的主张的责任，否则将承担其举证不能的危险。因此，法院一般按照“谁主张，谁举证”来分配举证责任，但是在某些情况下，也会发生举证责任倒置的情况。

在办理案件中，经常出现农民工主张用人单位拖欠工资，但是用人单位不承认，或者用人单位承认拖欠工资的事实，却不认可拖欠数额的情况。本《条例》对于拖欠工资问题的举证责任予以明确，即在双方就拖欠工资问题存在争议时，用人单位应当提供依法由其保存的劳动合同、职工名册、工资支付台账和清单等材料；不提供的，依法承担不利后果，也就是说如果用人单位不提供相应材料，仲裁庭或者法院可以直接认定劳动者主张的拖欠数额。

法律之所以这样规定，是考虑到农民工自己证明用人单位拖欠工资的事实存在困难，而用人单位则保存着劳动合同、职工名册、工资支付台账和清单等材料，出于方便当事人举证的考虑，法律将举证责任分配给了用人单位。因此，农民工和用人单位就拖欠工资事实存在争议，即使是由劳动者主张的，也应当由用人单位来承担举证责任。

42 农民工遭遇欠薪，能否要求工会提供帮助？

《条例》第五十一条规定，“工会依法维护农民工工资权益，对用人单位工资支付情况进行监督；发现拖欠农民工工资的，可以要求用人单位改正，拒不改正的，可以请求人力资源社会保障行政部门和其他有关部门依法处理”。《中华人民共和国工会法》第二十三条规定，“企业、事业单位、社会组织违反劳动法律、法规规定，有下列侵犯职工劳动权益情形，工会应当代表职工与企业、事业单位交涉，要求企业、事业单位采取措施予以改正；企业、事业单位应当予以研究处理，并向工会作出答复；企业、事业单位拒不改正的，工会可以请求当地人民政府依法作出处理：（一）克扣职工工资的；（二）不提供劳动安全卫生条件的；（三）随意延长劳动时间的；（四）侵犯女职工和未成年工特殊权益的；（五）其他严重侵犯职工劳动权益的”。

工会是职工自愿结合的工人阶级的群众组织。中华全国总工会及各级工会组织代表职工的利益，依法维护职工的合法权益。对用人单位随意延长劳动时间、克扣工资等严重侵犯农民工劳动权益的违法行为，工会有责任及时反映情况，并代表职工与企业方面就维护职工劳动权益的问题进行交涉，要求用人单位采取措施予以改正。

43 农民工恶意讨薪的行为，是否会受到处罚？

《条例》第五十二条规定，“单位或者个人编造虚假事实或者采取非法手段讨要农民工工资，或者以拖欠农民工工资为名讨要工程款的，依法予以处理”。《中华人民共和国治安管理处罚法》（以下简称《治安管理处罚法》）第二条规定，“扰乱公共秩序，妨害公共安全，侵犯人身权利、财产权利，妨害社会管理，具有社会危害性，依照《中华人民共和国刑法》的规定构成犯罪的，依法追究刑事责任；尚不够刑事处罚的，由公安机关依照本法给予治安管理处罚”。该法第二十三条第一项规定，“有下列行为之一的，处警告或者二百元以下罚款；情节较重的，处五日以上十日以下拘留，可以并处五百元以下罚款：（一）扰乱机关、团体、企业、事业单位秩序，致使工作、生产、营业、医疗、教学、科研不能正常进行，尚未造成严重损失的”。

在我国立法上，对于保障农民工权益出台了很多法律法规和规范性文件，也确实起到了保障作用，对于拖欠农民工工资的现象起到了矫正作用。但与此同时，在司法实践中，有部分人员利用国家对于农民工的倾斜性保护政策，以编造事实的方式或者采用非法手段讨要工资，或者在包工头或用人单位已经将工资支付给农民工后，依然让农民工以拖欠工资为名去讨要工程款，这些均属于恶意讨薪的行为。

如果恶意讨薪的行为扰乱社会公共秩序，具有社会危害性的话，则会受到《治安管理处罚法》的处罚，若造成严重后果，可能会涉及刑事犯罪。因此，农民工一定要以此为戒，千万不要用违法手段去讨薪。

44 用人单位在支付农民工工资时，哪些行为会受到处罚？

《条例》第五十四条规定，“有下列情形之一的，由人力资源社会保障行政部门责令限期改正；逾期不改正的，对单位处2万元以上5万元以下的罚款，对法定代表人或者主要负责人、直接负责的主管人员和其他直接责任人员处1万元以上3万元以下的罚款：（一）以实物、有价证券等形式代替货币支付农民工工资；（二）未编制工资支付台账并依法保存，或者未向农民工提供工资清单；（三）扣押或者变相扣押用于支付农民工工资的银行账户所绑定的农民工本人社会保障卡或者银行卡”。

现实中，如果一些用人单位以实物、有价证券等方式代替货币支付农民工工资，那么就要承担相应的责任；在仲裁或者诉讼过程中，仲裁员或者法官会要求用人单位提交工资支付台账，但是用人单位以各种理由拒绝提交，农民工在要求用人单位提供工资清单时，用人单位也可能不愿提供；再者，如果用人单位扣押或者变相扣押用于支付农民工工资的银行账户所绑定的农民工本人社会保障卡或者银行卡，也要承担相应责任。

一旦出现以上情况，农民工可以去人力资源社会保障行政部门投诉举报，人力资源社会保障行政部门会责令其限期改正。如果用人单位逾期不改正的，会被处2万元以上5万元以下的罚款，其法定代表人或者主要负责人、直接负责的主管人员和其他直接责任人员处1万元以上3万元以下的罚款。

45 什么是拒不支付劳动报酬罪?

我国《中华人民共和国刑法》第二百七十六条之一规定，“以转移财产、逃匿等方法逃避支付劳动者的劳动报酬或者有能力支付而不支付劳动者的劳动报酬，数额较大，经政府有关部门责令支付仍不支付的，处三年以下有期徒刑或者拘役，并处或者单处罚金；造成严重后果的，处三年以上七年以下有期徒刑，并处罚金。单位犯前款罪的，对单位判处罚金，并对其直接负责的主管人员和其他直接责任人员，依照前款的规定处罚。有前两款行为，尚未造成严重后果，在提起公诉前支付劳动者的劳动报酬，并依法承担相应赔偿责任的，可以减轻或者免除处罚”。

2013 年 1 月 22 日，最高人民法院发布了《最高人民法院关于审理拒不支付劳动报酬刑事案件适用法律若干问题的解释》，针对拒不支付劳动报酬罪所涉及的术语界定、定罪量刑标准、单位犯罪等问题，进一步明确了相关刑事案件的法律适用标准。

拒不支付劳动报酬罪，要求用人单位主观上是恶意的，即用人单位故意不支付劳动报酬，从而导致劳动者无法获得工资。为了整治这种恶意拖欠工资的顽疾，才使用了上述手段予以惩治。

这对于解决农民工工资被拖欠问题具有十分重要的现实意义：第一，对劳动者而言，当工资被恶意拖欠时，完全可以拿起法律武器依法维权。只有劳动者的维权意识增强了，用人单位和包工头才不敢胆大妄为，恶意拖欠工资现象才能得到根治。第二，用人单位和包工头等人，一定要严格遵守《条例》的规定，遵纪守法，诚信做人，所作所为不能突破底线，否则，最终会受到法律和道德的双重制裁。

46 如果施工总承包单位未按规定存储工资保证金，会受到何种处罚?

《条例》第五十五条规定，“有下列情形之一的，由人力资源社会保障行政部门、相关行业工程建设主管部门按照职责责令限期改正；逾期不改正的，责令项目停工，并处 5 万元以上 10 万元以下的罚款；情节严重的，给予施工单位限制承接新工程、降低资质等级、吊销资质证书等处罚：（一）施工总承包单位未按规定开设或者使用农民工工资专用账户；（二）施工总承包单位未按规定存储工资保证金或者未提供金融机构保函；（三）施工总承包单位、分包单位未实行劳动用工实名制管理”。

按照《条例》规定，施工总承包单位应开设或者使用农民工工资专用账户、存储工资保证金或者提供金融机构保函，施工总承包单位、劳务公司应当实行劳动用工实名制管理，如果施工总承包单位、劳务公司没有按照《条例》的规定执行，那么，人力资源社会保障行政部门、相关行业工程建设主管部门会按照职责责令其限期改正；逾期不改正的，责令项目停工，并处 5 万元以上 10 万元以下的罚款；情节严重的，给予施工单位限制承接新工程、降低资质等级、吊销资质证书等处罚。

47 施工总承包单位和分包单位在劳动用工管理上的哪些行为会受到处罚？

《条例》第五十六条规定，“有下列情形之一的，由人力资源社会保障行政部门、相关行业工程建设主管部门按照职责责令限期改正；逾期不改正的，处 5 万元以上 10 万元以下的罚款：（一）分包单位未按月考核农民工工作量、编制工资支付表并经农民工本人签字确认；（二）施工总承包单位未对分包单位劳动用工实施监督管理；（三）分包单位未配合施工总承包单位对其劳动用工进行监督管理；（四）施工总承包单位未实行施工现场维权信息公示制度”。

按月考核农民工工作量、编制工资支付表须经农民工本人签字确认，施工总承包单位对分包单位劳动用工实施监督管理，分包单位对其予以配合，施工总承包单位实行施工现场维权信息公示制度，这四类行为是《条例》明确规定的，如果出现违反上述规定的情况，符合《条例》第五十六条规定的情形之一，农民工可以去人力资源社会保障行政部门或者相关行业工程建设主管部门投诉。

48 建设单位未依法提供工程款支付担保的，会受到何种处罚？

《条例》第五十七条规定，“有下列情形之一的，由人力资源社会保障行政部门、相关行业工程建设主管部门按照职责责令限期改正；逾期不改正的，责令项目停工，并处 5 万元以上 10 万元以下的罚款：（一）建设单位未依法提供工程款支付担保；（二）建设单位未按约定及时足额向农民工工资专用账户拨付工程款中的人工费用；（三）建设单位或者施工总承包单位拒不提供或者无法提供工程施工合同、农民工工资专用账户有关资料”。

根据《条例》相关规定，建设单位须依法提供工程款支付担保，按约定及时足额向农民工工资专用账户拨付工程款中的人工费用，提供工程施工合同、农民工工资专用账户有关资料。如果建设单位没有依法履行上述要求，则由人力资源社会保障行政部门、相关行业工程建设主管部门按照职责责令限期改正；逾期不改正的，责令项目停工，并处 5 万元以上 10 万元以下的罚款。

49 金融机构不配合查询相关单位金融账户，应该如何处理？

《条例》第五十八条规定，“不依法配合人力资源社会保障行政部门查询相关单位金融账户的，由金融监管部门责令改正；拒不改正的，处 2 万元以上 5 万元以下的罚款”。

2020 年 5 月 27 日，《中国银保监会、人力资源社会保障部关于人力资源社会保障行政部门查询相关单位银行账户有关问题的通知》中，对人力资源社会保障行政部门查询相关单位银行账户有关问题作出了九条规定，其中第一条规定，“人力资源社会保障行政部门依法查询相关单位银行账户，并取得证明材料，有关银行业金融机构应当予以协助。被查询的银行账户包括相关单位在商业银行、政策性银行、农村信用合作社、农村合作银行等银行业金融机构开立的各类账户。查询内容包括相关单位开户销户信息、账户余额、资金往来及日期、委托银行发放工资明细等”。第五条规定，“银行业金融机构应当协助人力资源社会保障行政部门做好查询工作。可及时反馈的，应于收到《查询单位银行账户通知书》当日完成查询并反馈；需要进一步查阅相关档案资料的，原则上应于五个工作日内完成查询并反馈。对于因技术条件、不可抗力等客观原因，银行业金融机构无法在规定时限内反馈的，应当向人力资源社会保障行政部门说明原因，并采取措施尽快完成查询反馈。银行业金融机构应填写《查询单位银行账户回执》（见附件 2），如实提供查询结果和相关资料并加盖印章，不得拖延、推诿或者隐匿”。

据此，如果在人力资源社会保障行政部门查询相关单位金融账户时，金融机构不配合查询的，由金融监管部门责令改正；拒不改正的，处 2 万元以上 5 万元以下的罚款。

50 政府部门投资项目的资金不到位，导致农民工工资被拖欠的，该怎么办？

《条例》第五十九条规定，“政府投资项目政府投资资金不到位拖欠农民工工资的，由人力资源社会保障行政部门报本级人民政府批准，责令限期足额拨付所拖欠的资金；逾期不拨付的，由上一级人民政府人力资源社会保障行政部门约谈直接责任部门和相关监管部门负责人，必要时进行通报，约谈地方人民政府负责人。情节严重的，对地方人民政府及其有关部门负责人、直接负责的主管人员和其他直接责任人员依法依规给予处分”。

如果政府资金不到位，导致农民工工资被拖欠，农民工需要去申请仲裁吗？答案是并不必要。如果确实是因为政府投资资金不到位导致的，农民工可以直接去人力资源社会保障行政部门投诉，如果情况属实，人力资源社会保障行政部门报本级人民政府批准，即可责令限期足额拨付所拖欠的资金。如果逾期不拨付的，由上一级人民政府人力资源社会保障行政部门约谈直接责任部门和相关监管部门负责人，必要时进行通报，并约谈地方人民政府负责人。情节严重的，对地方人民政府及其有关部门负责人、直接负责的主管人员和其他直接责任人员依法依规给予处分。

51 政府投资项目的建设单位拖欠农民工工资的，建设单位是否会受到处罚？

《条例》第六十条规定，“政府投资项目建设单位未经批准立项建设、擅自扩大建设规模、擅自增加投资概算、未及时拨付工程款等导致拖欠农民工工资的，除依法承担责任外，由人力资源社会保障行政部门、其他有关部门按照职责约谈建设单位负责人，并作为其业绩考核、薪酬分配、评优评先、职务晋升等的重要依据”。

因建设单位未按照合同约定及时拨付工程款导致农民工工资被拖欠的，建设单位应当以未结清的工程款为限先行垫付被拖欠的农民工工资。对于政府投资项目的建设单位，如果属于未经批准立项建设、擅自扩大建设规模、擅自增加投资概算、未及时拨付工程款等导致拖欠农民工工资的，除承担垫付农民工工资的责任外，建设单位的负责人还会被人力资源社会保障行政部门及其他有关部门约谈，其业绩考核、薪酬分配、评优评先、职务晋升等都会受到影响。

因此，对于政府投资项目建设，因为建设单位原因拖欠农民工工资的，《条例》采取的是“双罚制”，不仅建设单位要承担相应法律责任，建设单位的负责人还要被约谈并受到相应处分。这样一来，对农民工工资支付形成了更为有力的保障，起到威慑作用，从而使相关负责人能够严格遵守法律规定。

52 社会投资的建设单位拖欠农民工工资的，建设单位及其负责人是否会受到处罚？

《条例》第六十一条规定，“对于建设资金不到位、违法违规开工建设的社会投资工程建设项目拖欠农民工工资的，由人力资源社会保障行政部门、其他有关部门按照职责依法对建设单位进行处罚；对建设单位负责人依法依规给予处分。相关部门工作人员未依法履行职责的，由有关机关依法依规给予处分”。该《条例》第二十三条规定，“建设单位应当有满足施工所需要的资金安排。没有满足施工所需要的资金安排的，工程建设项目不得开工建设；依法需要办理施工许可证的，相关行业工程建设主管部门不予颁发施工许可证。政府投资项目所需资金，应当按照国家有关规定落实到位，不得由施工单位垫资建设”。

按照规定，建设单位应当有满足施工所需要的资金安排，才可以开工建设。首先，如果是因建设单位未按照合同约定及时拨付工程款导致农民工工资被拖欠的，建设单位应当以未结清的工程款为限先行垫付被拖欠的农民工工资，这个是不区分政府投资和社会投资的。其次，《条例》规定了对于建设资金不到位、违法违规开工建设的社会投资工程建设项目拖欠农民工工资的，由人力资源社会保障行政部门、其他有关部门按照职责依法对建设单位进行处罚，对建设单位负责人依法依规给予处分。同时还明确，如果相关部门工作人员未依法履行职责的，由有关机关依法依规给予处分。

53 农民工工资支付出现问题，相关职责部门工作人员不依法履行监督管理职责怎么办？

《条例》第六十二条规定，“县级以上地方人民政府人力资源社会保障、发展改革、财政、公安等部门和相关行业工程建设主管部门工作人员，在履行农民工工资支付监督管理职责过程中滥用职权、玩忽职守、徇私舞弊的，依法依规给予处分；构成犯罪的，依法追究刑事责任”。《劳动法》第一百零三条规定，“劳动行政部门或者有关部门的工作人员滥用职权、玩忽职守、徇私舞弊，构成犯罪的，依法追究刑事责任；不构成犯罪的，给予行政处分”。

保障农民工工资按时足额支付是《条例》最直接和最重要的目的，需要相关职能部门的多方配合，恪尽职守，任何一个环节的疏漏都可能会导致农民工的合法权益无法得到保障。如果在履行农民工工资支付监管职责过程中，工作人员存在滥用职权、玩忽职守或者徇私舞弊的，都要依法依规予以处分，构成犯罪的，要依法追究其刑事责任。

54 用人单位无力支付拖欠工资的，农民工应该怎么办？

《条例》第六十三条规定，“用人单位一时难以支付拖欠的农民工工资或者拖欠农民工工资逃匿的，县级以上地方人民政府可以动用应急周转金，先行垫付用人单位拖欠的农民工部分工资或者基本生活费。对已经垫付的应急周转金，应当依法向拖欠农民工工资的用人单位进行追偿”。这对于保障农民工的基本生活非常重要。

司法实践中，一些公司因为资金链断裂，无法支付农民工工资。农民工生活困难，只好向当地政府反映情况，政府得知该情况，便依法使用了政府的应急周转金，向每位农民工先行垫付了部分工资，解决了农民工的燃眉之急。

因此，用人单位难以支付工资时，农民工可以向县级以上地方人民政府寻求帮助，请求政府先行垫付。对于政府垫付的部分，政府应当依法向拖欠农民工工资的用人单位进行追偿。

国务院办公厅关于印发保障农民工工资支付工作考核办法的通知

（国办发〔2017〕96号　2017年12月6日）

各省、自治区、直辖市人民政府，国务院各部委、各直属机构：

《保障农民工工资支付工作考核办法》已经国务院同意，现印发给你们，请认真贯彻执行。

保障农民工工资支付工作考核办法

第一条　为落实保障农民工工资支付工作的属地监管责任，有效预防和解决拖欠农民工工资问题，切实保障农民工劳动报酬权益，维护社会公平正义，促进社会和谐稳定，根据有关规定，制定本办法。

第二条　本办法适用于对各省（区、市）人民政府及新疆生产建设兵团（以下统称各省级政府）保障农民工工资支付工作的年度考核。

第三条　考核工作在国务院领导下，由解决企业工资拖欠问题部际联席会议（以下简称部际联席会议）负责实施，部际联席会议办公室具体组织落实。考核工作从2017年到2020年，每年开展一次。

第四条 考核工作坚持目标导向、问题导向和结果导向，遵循客观公正原则，突出重点，注重实效。

第五条 考核内容主要包括加强对保障农民工工资支付工作的组织领导、建立健全工资支付保障制度、治理欠薪特别是工程建设领域欠薪工作成效等情况。

第六条 部际联席会议办公室组织部际联席会议各成员单位制定年度考核方案及细则，明确具体考核指标和分值。

第七条 考核工作于考核年度次年年初开始，4月底前完成。按照以下步骤进行：

（一）省级自查。各省级政府对照考核方案及细则，对考核年度保障农民工工资支付工作进展情况和成效进行自查，填报自查考核表，形成自查报告，于2月底前报送部际联席会议办公室。各省级政府对自查报告真实性、准确性负责。

（二）实地核查。3月底前，由部际联席会议办公室组织部际联席会议各成员单位组成考核组，采取抽查等方式，对省级政府考核年度保障农民工工资支付工作进展情况和成效进行实地核查，对相关考核指标进行评估。实地核查采取听取汇报、抽样调查、核验资料、明察暗访等方式进行。

（三）综合评议。部际联席会议办公室组织部际联席会议各成员单位根据各地自查情况，结合实地核查和社会治安综合治理、公安、信访等部门掌握的情况，进行考核评议，形成考核报告，报部际联席会议审议。

第八条 考核采取分级评分法，基准分为100分，考核结果分为A、B、C三个等级。

（一）符合下列条件的，考核等级为A级：

1. 领导重视、工作机制健全，各项工资支付保障制度完备、落实得力，工作成效明显；

2. 考核得分排在全国前十名。

（二）有下列情形之一的，考核等级为C级：

1. 保障农民工工资支付工作不力、成效不明显、欠薪问题突出，考核得分排在全国后三名的；

2. 发生5起及以上因拖欠农民工工资引发50人以上群体性事件，或发生2起及以上因政府投资工程项目拖欠农民工工资引发50人以上群体性事件的；

3. 发生1起及以上因拖欠农民工工资引发极端事件并造成严重后果的。

（三）考核等级在A、C级以外的为B级。

第九条 考核结果报经国务院同意后，由部际联席会议向各省级政府通报，并抄送中央组织部，作为对各省级政府领导班子和有关领导干部进行综合考核评价的参考。考核过程中发现需要问责的问题线索，移交纪检监察机关。

第十条 对考核等级为A级的，由部际联席会议予以通报表扬；对考核等级为C级的，由部际联席会议对该省级政府有关负责人进行约谈，提出限期整改要求。被约谈省级政府应当制定整改措施，并在被约谈后2周内提交书面报告，由部际联席会议办公室负责督促落实。

第十一条 对在考核工作中弄虚作假、瞒报谎报造成考核结果失实的，予以通报批评；情节严重的，依纪依法追究相关人员责任。

第十二条 各省级政府可参照本办法，结合本地区实际制定相关办法，加强对本地区各级政府保障农民工工资支付工作的考核。

第十三条 本办法由部际联席会议办公室负责解释，自印发之日起施行。

国务院根治拖欠农民工工资工作领导小组办公室关于开展根治欠薪冬季专项行动的通知

（人社部明电〔2021〕12号 2021年10月28日）

各省、自治区、直辖市及新疆生产建设兵团根治拖欠农民工工资工作领导小组：

今年以来，在党中央、国务院的坚强领导下，通过各地区、各成员单位的共同努力，根治欠薪工作取得了明显成效。当前，我国经济运行逐步恢复常态，但新冠肺炎疫情和外部环境仍存在诸多不确定性，部分行业企业欠薪问题有所抬头，房地产开发企业欠款导致的欠薪源头风险增多，校外培训机构规模裁员减员导致的欠薪问题不容忽视，临近元旦、春节欠薪问题仍有可能易发多发，根治欠薪仍需持续发力、抓紧抓实。为深入贯彻党中央、国务院决策部署，切实维护农民工合法权益和社会和谐稳定，经国务院根治拖欠农民工工资工作领导小组同意，决定从2021年11月1日至2022年春节前，在全国组织开展根治欠薪冬季专项行动。现就有关事项通知如下：

一、行动目标

深入学习贯彻习近平总书记关于根治欠薪工作重要指示批示精神，认真落实《保障农民工工资支付条例》(以下简称《条例》)，依法维护农民工劳动报酬权益，对查实的欠薪问题要在2022年春节前全部办结，让被欠薪农民工及时拿到应得的工资返乡过年，确保不发生因欠薪引发的重大群体性事件或恶性极端事件，维护社会和谐稳定大局。

二、行动重点

以工程建设领域和其他欠薪易发多发行业企业为重点，对欠薪问题实施集中专项治理：

一是全面加快“全国根治欠薪线索反映平台”和地方其他渠道接收欠薪举报投诉的分类核实处置，做到案结事了。二是全面排查工程建设领域工资专用账户、实名制管理、总包代发工资、工资保证金、维权信息公示等制度落实情况，督促企业落实主体责任。三是全面清查在建工程项目审批管理、工程款（人工费）拨付、资金监管情况，源头化解欠薪风险。四是全面强化欠薪违法惩戒，用好用足行政、刑事、信用等惩戒手段，加强行政执法和刑事司法衔接，对欠薪特别是恶意欠薪从严惩处。

三、行动措施

（一）重点摸排，稳妥化解欠薪隐患

各地区要坚持早预防、早介入、早化解，结合本地区欠薪形势特点，聚焦重点地区、重点行业、重点企业、重点项目，及早开展隐患排查化解。加强欠薪预警监测和智慧监管，结合企业经营状况、企业信用等级评定情况和历史欠薪举报投诉情况，确定重点行业企业，进行精准摸排。对发现的风险隐患，分类精准施策，强化部门联动，定人定责、盯住不放，防止隐患“发酵”。对已排除风险隐患的企业和项目，进行“回头看”，持续关注、动态监管，防止问题复发。

（二）快立快处，提升案件处置效果

各地区、各相关成员单位要进一步畅通欠薪维权绿色通道，确保欠薪案件快立快处。对欠薪线索，严格落实首问负责制，做到件件有着落、事事有回音。对基层难以化解的复杂疑难欠薪案件，采取领导包案的方式，加强提级办理。对涉及人数较多、金额较大、造成一定社会影响的重大欠薪案件，领导小组办公室牵头成立专案组，挂牌办理，一查到底。对政府项目、国企项目欠薪的，严查制度落实、责任落实情况，适时进行通报，实现查处一案、警示一片的效果。各地区根治拖欠农民工工资工作领导小组要加强统筹协

调，抽调执法人员，配强工作力量，确保欠薪案件能够及时接收、有效处置。

（三）强化惩戒，保持治欠高压态势

对查实的违法行为，要加大违法惩戒力度，形成有效震慑。加强对工程建设领域各项工资支付制度落实情况的检查，责令限期整改违法行为，督促企业履行法定义务，逾期不改的，依法严肃惩处。对可能涉及恶意欠薪的，依据《条例》等规定，依法查询相关单位金融账户和相关当事人房产、车辆情况，对查实涉嫌拒不支付劳动报酬罪的，及时移送司法机关，追究刑事责任。对欠薪违法行为符合“黑名单”条件的，应列尽列，予以曝光，并会同有关部门开展失信联合惩戒，使欠薪违法者“一处违法、处处受限”。对欠薪裁决判决“执行难”问题，各地区根治拖欠农民工工资工作领导小组要统筹协调同级司法机关实施集中执行活动，推动裁决判决执行到位。

四、工作要求

（一）强化组织领导。要坚持以习近平新时代中国特色社会主义思想为指导，进一步提高政治站位，充分认识做好春节前根治欠薪工作的重要性和紧迫性，将此次专项行动作为党史学习教育的成果检验，作为“我为群众办实事”的具体实践，强化组织领导，加强统筹协调，结合本地实际制定具体行动方案，凝聚各方力量、抽调专业骨干、成立工作专班，层层压实责任、精心组织实施、强化督促检查，确保专项行动取得实效。

（二）强化部门联动。要强化大局意识、系统观念，加强协调配合，形成工作合力，共同做好根治欠薪工作。人力资源社会保障部门要进一步畅通举报投诉渠道，加大监察执法力度，及时查处欠薪案件，为农民工提供高效的维权服务。发展改革、财政、国资等成员单位要积极履行监管责任，落实《条例》有关规定，强化政府投资项目、国企项目全方位、全流程监管，扎紧制度“笼子”，从源头上消除欠薪隐患。工程建设行业主管部门要切实履行行业监管职责，加强建筑用工实名制管理，督办相关领域欠薪违法案件。公安机关要做好涉嫌拒不支付劳动报酬罪案件的接受和及时审查，对符合立案条件的，应依法立案侦办，保持对欠薪相关违法犯罪的高压态势。其他成员单位要根据职责分工，积极配合做好根治欠薪工作。

（三）强化督促指导。要结合本地实际，指导市、县（区）采取超常规举措，定期集中接访，领导包片包案，确保重点地区欠薪问题得到有效遏制、重大案件得到妥善处置。要密切跟进专项行动进展情况，对整治不积极、效果不明显的地区，可采取随机抽查、暗访等方式督促指导，确保工作责任落实到位。对监管责任不落实、组织工作不到位引发群体性事件或极端事件，以及政府投资工程项目、国企项目拖欠工程款导致欠薪的，依法依规严肃问责。国务院根治拖欠农民工工资工作领导小组办公室将适时组织力量，对部分地区根治欠薪工作进行抽查，对问题突出的地区开展专项督导。

（四）强化风险防范。要牢固树立底线思维、风险意识，坚持事前预防、系统治理、定向化解、精准治欠，对群众反映强烈、风险隐患较大的重点行业企业，要及时组织风险评估预判，落实欠薪应急处置机制。对重大欠薪舆情和欠薪引发的群体性事件或极端事件，要从速查清事实，稳妥处置化解，坚决防止事态蔓延扩大。对企业一时难以解决拖欠工资或企业主欠薪逃匿的，要通过及时动用工资保证金、应急周转金或其他渠道筹措资金，清偿欠薪或垫付部分工资（基本生活费），帮助被拖欠工资农民工解决临时生活困难，确保社会稳定。

请各地区于2022年1月5日前向国务院根治拖欠农民工工资工作领导小组办公室报告本地区截至2021年12月31日的行动进展情况；行动结束后5个工作日内，报送专项行动总体工作情况。

附件：根治欠薪冬季专项行动情况（略）

人力资源社会保障部等十部门关于印发《工程建设领域农民工工资专用账户管理暂行办法》的通知

（人社部发〔2021〕53号　2021年7月7日）

各省、自治区、直辖市及新疆生产建设兵团人力资源社会保障厅（局），发展改革委，财政（务）厅（局），住房和城乡建设厅（委、管委、局），交通运输厅（局、委），水利（务）厅（局），中国人民银行上海总部、各分行、营业管理部、各省会（首府）城市中心支行，铁路监督管理局，民航各地区管理局，银保监局：

现将《工程建设领域农民工工资专用账户管理暂行办法》印发给你们，请贯彻执行。

工程建设领域农民工工资专用账户管理暂行办法

第一章　总　　则

第一条　为根治工程建设领域拖欠农民工工资问题，规范农民工工资专用账户管理，切实维护农民工劳动报酬权益，根据《保障农民工工资支付条例》《人民币银行结算账户管理办法》等有关法规规定，制定本办法。

第二条　本办法所称农民工工资专用账户（以下简称专用账户）是指施工总承包单位（以下简称总包单位）在工程建设项目所在地银行业金融机构（以下简称银行）开立的，专项用于支付农民工工资的专用存款账户。人工费用是指建设单位向总包单位专用账户拨付的专项用于支付农民工工资的工程款。

第三条　本办法所称建设单位是指工程建设项目的项目法人或负有建设管理责任的相关单位；总包单位是指从建设单位承包施工任务，具有施工承包资质的企业，包括工程总承包单位、施工总承包企业、直接承包建设单位发包工程的专业承包企业；分包单位是指承包总包单位发包的专业工程或者劳务作业，具有相应资质的企业；监理单位是指受建设单位委托依法执行工程监理任务，取得监理资质证书，具有法人资格的监理公司等单位。

本办法所称相关行业工程建设主管部门是指各级住房和城乡建设、交通运输、水利、铁路、民航等工程建设项目的行政主管部门。

第四条 本办法适用于房屋建筑、市政、交通运输、水利及基础设施建设的建筑工程、线路管道、设备安装、工程装饰装修、城市园林绿化等各种新建、扩建、改建工程建设项目。

第二章 专用账户的开立、撤销

第五条 建设单位与总包单位订立书面工程施工合同时，应当约定以下事项：

（一）工程款计量周期和工程款进度结算办法；

（二）建设单位拨付人工费用的周期和拨付日期；

（三）人工费用的数额或者占工程款的比例等。

前款第三项应当满足农民工工资按时足额支付的要求。

第六条 专用账户按工程建设项目开立。总包单位应当在工程施工合同签订之日起30日内开立专用账户，并与建设单位、开户银行签订资金管理三方协议。专用账户名称为总包单位名称加工程建设项目名称后加“农民工工资专用账户”。总包单位应当在专用账户开立后的30日内报项目所在地专用账户监管部门备案。监管部门由各省、自治区、直辖市根据《保障农民工工资支付条例》确定。

总包单位有2个及以上工程建设项目的，可开立新的专用账户，也可在符合项目所在地监管要求的情况下，在已有专用账户下按项目分别管理。

第七条 开户银行应当规范优化农民工工资专用账户开立服务流程，配合总包单位及时做好专用账户开立和管理工作，在业务系统中对账户进行特殊标识。

开户银行不得将专用账户资金转入除本项目农民工本人银行账户以外的账户，不得为专用账户提供现金支取和其他转账结算服务。

第八条 除法律另有规定外，专用账户资金不得因支付为本项目提供劳动的农民工工资之外的原因被查封、冻结或者划拨。

第九条 工程完工、总包单位或者开户银行发生变更需要撤销专用账户的，总包单位将本工程建设项目无拖欠农民工工资情况公示30日，并向项目所在地人力资源社会保障行政部门、相关行业工程建设主管部门出具无拖欠农民工工资承诺书。

开户银行依据专用账户监管部门通知取消账户特殊标识，按程序办理专用账户撤销手续，专用账户余额归总包单位所有。总包单位或者开户银行发生变更，撤销账户后可按照第六条规定开立新的专用账户。

第十条 工程建设项目存在以下情况，总包单位不得向开户银行申请撤销专用账户：

（一）尚有拖欠农民工工资案件正在处理的；

（二）农民工因工资支付问题正在申请劳动争议仲裁或者向人

民法院提起诉讼的；

（三）其他拖欠农民工工资的情形。

第十一条 建设单位应当加强对总包单位开立、撤销专用账户情况的监督。

第三章 人工费用的拨付

第十二条 建设单位应当按工程施工合同约定的数额或者比例等，按时将人工费用拨付到总包单位专用账户。人工费用拨付周期不得超过1个月。

开户银行应当做好专用账户日常管理工作。出现未按约定拨付人工费用等情况的，开户银行应当通知总包单位，由总包单位报告项目所在地人力资源社会保障行政部门和相关行业工程建设主管部门，相关部门应当纳入欠薪预警并及时进行处置。

建设单位已经按约定足额向专用账户拨付资金，但总包单位依然拖欠农民工工资的，建设单位应及时报告有关部门。

第十三条 因用工量增加等原因导致专用账户余额不足以按时足额支付农民工工资时，总包单位提出需增加的人工费用数额，由建设单位核准后及时追加拨付。

第十四条 工程建设项目开工后，工程施工合同约定的人工费用的数额、占工程款的比例等需要修改的，总包单位可与建设单位签订补充协议并将相关修改情况通知开户银行。

第四章　农民工工资的支付

第十五条　工程建设领域总包单位对农民工工资支付负总责，推行分包单位农民工工资委托总包单位代发制度（以下简称总包代发制度）。

工程建设项目施行总包代发制度的，总包单位与分包单位签订委托工资支付协议。

第十六条　总包单位或者分包单位应当按照相关行业工程建设主管部门的要求开展农民工实名制管理工作，依法与所招用的农民工订立劳动合同并进行用工实名登记。总包单位和分包单位对农民工实名制基本信息进行采集、核实、更新，建立实名制管理台账。工程建设项目应结合行业特点配备农民工实名制管理所必需的软硬件设施设备。

未与总包单位或者分包单位订立劳动合同并进行用工实名登记的人员，不得进入项目现场施工。

第十七条　施行总包代发制度的，分包单位以实名制管理信息为基础，按月考核农民工工作量并编制工资支付表，经农民工本人签字确认后，与农民工考勤表、当月工程进度等情况一并交总包单位，并协助总包单位做好农民工工资支付工作。

总包单位应当在工程建设项目部配备劳资专管员，对分包单位劳动用工实施监督管理，审核分包单位编制的农民工考勤表、工资支付表等工资发放资料。

第十八条　总包单位应当按时将审核后的工资支付表等工资发

放资料报送开户银行，开户银行应当及时将工资通过专用账户直接支付到农民工本人的银行账户，并由总包单位向分包单位提供代发工资凭证。

第十九条 农民工工资卡实行一人一卡、本人持卡，用人单位或者其他人员不得以任何理由扣押或者变相扣押。

开户银行应采取有效措施，积极防范本机构农民工工资卡被用于出租、出售、洗钱、赌博、诈骗和其他非法活动。

第二十条 开户银行支持农民工使用本人的具有金融功能的社会保障卡或者现有银行卡领取工资，不得拒绝其使用他行社会保障卡银行账户或他行银行卡。任何单位和个人不得强制要求农民工重新办理工资卡。农民工使用他行社会保障卡银行账户或他行银行卡的，鼓励执行优惠的跨行代发工资手续费率。

农民工本人确需办理新工资卡的，优先办理具有金融功能的社会保障卡，鼓励开户银行提供便利化服务，上门办理。

第二十一条 总包单位应当将专用账户有关资料、用工管理台账等妥善保存，至少保存至工程完工且工资全部结清后3年。

第二十二条 建设单位在签订工程监理合同时，可通过协商委托监理单位实施农民工工资支付审核及监督。

第五章 工资支付监控预警平台建设

第二十三条 人力资源社会保障部会同相关部门统筹做好全国农民工工资支付监控预警平台的规划和建设指导工作。

省级应当建立全省集中的农民工工资支付监控预警平台，支持辖区内省、市、县各级开展农民工工资支付监控预警。同时，按照网络安全和信息化有关要求，做好平台安全保障工作。

国家、省、市、县逐步实现农民工工资支付监控预警数据信息互联互通，与建筑工人管理服务、投资项目在线审批监管、全国信用信息共享、全国水利建设市场监管、铁路工程监督管理等信息平台对接，实现信息比对、分析预警等功能。

第二十四条 相关单位应当依法将工程施工合同中有关专用账户和工资支付的内容及修改情况、专用账户开立和撤销情况、劳动合同签订情况、实名制管理信息、考勤表信息、工资支付表信息、工资支付信息等实时上传农民工工资支付监控预警平台。

第二十五条 各地人力资源社会保障、发展改革、财政、住房和城乡建设、交通运输、水利等部门应当加强工程建设项目审批、资金落实、施工许可、劳动用工、工资支付等信息的及时共享，依托农民工工资支付监控预警平台开展多部门协同监管。

各地要统筹做好农民工工资支付监控预警平台与工程建设领域其他信息化平台的数据信息共享，避免企业重复采集、重复上传相关信息。

第二十六条 农民工工资支付监控预警平台依法归集专用账户管理、实名制管理和工资支付等方面信息，对违反专用账户管理、人工费用拨付、工资支付规定的情况及时进行预警，逐步实现工程建设项目农民工工资支付全过程动态监管。

第二十七条 加强劳动保障监察相关系统与农民工工资支付监控预警平台的协同共享和有效衔接，开通工资支付通知、查询功能和拖欠工资的举报投诉功能，方便农民工及时掌握本人工资支付情况，依法维护劳动报酬权益。

第二十八条 已建立农民工工资支付监控预警平台并实现工资支付动态监管的地区，专用账户开立、撤销不再要求进行书面备案。

第六章 监督管理

第二十九条 各地应当依据本办法完善工程建设领域农民工工资支付保障制度体系，坚持市场主体负责、政府依法监管、社会协同监督，按照源头治理、预防为主、防治结合、标本兼治的要求，依法根治工程建设领域拖欠农民工工资问题。

第三十条 各地人力资源社会保障行政部门和相关行业工程建设主管部门应当按职责对工程建设项目专用账户管理、人工费用拨付、农民工工资支付等情况进行监督检查，并及时处理有关投诉、举报、报告。

第三十一条 人民银行及其分支机构、银保监会及其派出机构应当采取必要措施支持银行为专用账户管理提供便利化服务。

第三十二条 各级人力资源社会保障行政部门和相关行业工程建设主管部门不得借推行专用账户制度的名义，指定开户银行和农民工工资卡办卡银行；不得巧立名目收取费用，增加企业负担。

第七章 附　　则

第三十三条 各省级人力资源社会保障行政部门可根据本暂行

办法，会同相关部门结合本地区实际情况制定实施细则。

第三十四条 同一工程建设项目发生管辖争议的，由共同的上一级人力资源社会保障部门会同相关行业工程建设主管部门指定管辖。

第三十五条 本暂行办法自印发之日起施行。办法施行前已开立的专用账户，可继续保留使用。

人力资源社会保障部、住房和城乡建设部、交通运输部、水利部、银保监会、铁路局、民航局关于印发《工程建设领域农民工工资保证金规定》的通知

（人社部发〔2021〕65号　2021年8月17日）

各省、自治区、直辖市及新疆生产建设兵团人力资源社会保障厅（局）、住房和城乡建设厅（委、管委、局）、交通运输厅（局、委）、水利（水务）厅（局），各银保监局，各地区铁路监管局，民航各地区管理局：

根据《保障农民工工资支付条例》授权，人力资源社会保障部、住房和城乡建设部、交通运输部、水利部、银保监会、铁路局、民航局制定了《工程建设领域农民工工资保证金规定》。现印发给你们，请贯彻执行。

工程建设领域农民工工资保证金规定

第一章 总　　则

第一条 为依法保护农民工工资权益，发挥工资保证金在解决拖欠农民工工资问题中的重要作用，根据《保障农民工工资支付条例》，制定本规定。

第二条 本规定所指工资保证金，是指工程建设领域施工总承包单位（包括直接承包建设单位发包工程的专业承包企业）在银行设立账户并按照工程施工合同额的一定比例存储，专项用于支付为所承包工程提供劳动的农民工被拖欠工资的专项资金。

工资保证金可以用银行类金融机构出具的银行保函替代，有条件的地区还可探索引入工程担保公司保函或工程保证保险。

第三条 工程建设领域工资保证金的存储比例、存储形式、减免措施以及使用返还等事项适用本规定。

第四条 各省级人力资源社会保障行政部门负责组织实施本行政区工资保证金制度。

地方人力资源社会保障行政部门应建立健全与本地区行业工程建设主管部门和金融监管部门的会商机制，加强信息通报和执法协作，确保工资保证金制度规范平稳运行。

第五条 工资保证金制度原则上由地市级人力资源社会保障行政部门具体管理，有条件的地区可逐步将管理层级上升为省级人力资源社会保障行政部门。

实施具体管理的地市级或省级人力资源社会保障行政部门，以下简称“属地人力资源社会保障行政部门”；对应的行政区，以下统称“工资保证金管理地区”。

同一工程地理位置涉及两个或两个以上工资保证金管理地区，发生管辖争议的，由共同的上一级人力资源社会保障行政部门商同级行业工程建设主管部门指定管辖。

第二章　工资保证金存储

第六条　施工总承包单位应当在工程所在地的银行存储工资保证金或申请开立银行保函。

第七条　经办工资保证金的银行（以下简称经办银行）依法办理工资保证金账户开户、存储、查询、支取、销户及开立保函等业务，应具备以下条件：

（一）在工程所在的工资保证金管理地区设有分支机构；

（二）信用等级良好、服务水平优良，并承诺按照监管要求提供工资保证金业务服务。

第八条　施工总承包单位应当自工程取得施工许可证（开工报告批复）之日起20个工作日内（依法不需要办理施工许可证或批准开工报告的工程自签订施工合同之日起20个工作日之内），持营业执照副本、与建设单位签订的施工合同在经办银行开立工资保证金专门账户存储工资保证金。

行业工程建设主管部门应当在颁发施工许可证或批准开工报告

时告知相关单位及时存储工资保证金。

第九条 存储工资保证金的施工总承包单位应与经办银行签订《农民工工资保证金存款协议书》（附件1），并将协议书副本送属地人力资源社会保障行政部门备案。

第十条 经办银行应当规范工资保证金账户开户工作，为存储工资保证金提供必要的便利，与开户单位核实账户性质，在业务系统中对工资保证金账户进行特殊标识，并在相关网络查控平台、电子化专线信息传输系统等作出整体限制查封、冻结或划拨设置，防止被不当查封、冻结或划拨，保障资金安全。

第十一条 工资保证金按工程施工合同额（或年度合同额）的一定比例存储，原则上不低于1%，不超过3%，单个工程合同额较高的，可设定存储上限。

施工总承包单位在同一工资保证金管理地区有多个在建工程，存储比例可适当下浮但不得低于施工合同额（或年度合同额）的0.5%。

施工合同额低于300万元的工程，且该工程的施工总承包单位在签订施工合同前一年内承建的工程未发生工资拖欠的，各地区可结合行业保障农民工工资支付实际，免除该工程存储工资保证金。

前款规定的施工合同额可适当调整，调整范围由省级人力资源社会保障行政部门会同行业工程建设主管部门确定，并报人力资源社会保障部、住房和城乡建设部、交通运输部、水利部、铁路局、民航局备案。

第十二条 施工总承包单位存储工资保证金或提交银行保函

后，在工资保证金管理地区承建工程连续2年未发生工资拖欠的，其新增工程应降低存储比例，降幅不低于50%；连续3年未发生工资拖欠且按要求落实用工实名制管理和农民工工资专用账户制度的，其新增工程可免于存储工资保证金。

施工总承包单位存储工资保证金或提交银行保函前2年内在工资保证金管理地区承建工程发生工资拖欠的，工资保证金存储比例应适当提高，增幅不低于50%；因拖欠农民工工资被纳入“严重失信主体名单”的，增幅不低于100%。

第十三条 工资保证金具体存储比例及浮动办法由省级人力资源社会保障行政部门商同级行业工程建设主管部门研究确定，报人力资源社会保障部备案。工资保证金存储比例应根据本行政区保障农民工工资支付实际情况实行定期动态调整，主动向社会公布。

第十四条 工资保证金账户内本金和利息归开立账户的施工总承包单位所有。在工资保证金账户被监管期间，企业可自由提取和使用工资保证金的利息及其他合法收益。

除符合本规定第十九条规定的情形，其他任何单位和个人不得动用工资保证金账户内本金。

第十五条 施工总承包单位可选择以银行保函替代现金存储工资保证金，保函担保金额不得低于按规定比例计算应存储的工资保证金数额。

保函正本由属地人力资源社会保障行政部门保存。

第十六条 银行保函应以属地人力资源社会保障行政部门为受益人，保函性质为不可撤销见索即付保函（附件2）。

施工总承包单位所承包工程发生拖欠农民工工资，经人力资源社会保障行政部门依法作出责令限期清偿或先行清偿的行政处理决定，到期拒不清偿时，由经办银行依照保函承担担保责任。

第十七条 施工总承包单位应在其工程施工期内提供有效的保函，保函有效期至少为1年并不得短于合同期。工程未完工保函到期的，属地人力资源社会保障行政部门应在保函到期前一个月提醒施工总承包单位更换新的保函或延长保函有效期。

第十八条 属地人力资源社会保障行政部门应当将存储工资保证金或开立银行保函的施工总承包单位名单及对应的工程名称向社会公布，施工总承包单位应当将本工程落实工资保证金制度情况纳入维权信息告示牌内容。

第三章 工资保证金使用

第十九条 施工总承包单位所承包工程发生拖欠农民工工资的，经人力资源社会保障行政部门依法作出责令限期清偿或先行清偿的行政处理决定，施工总承包单位到期拒不履行的，属地人力资源社会保障行政部门可以向经办银行出具《农民工工资保证金支付通知书》(附件3，以下简称《支付通知书》)，书面通知有关施工总承包单位和经办银行。经办银行应在收到《支付通知书》5个工作日内，从工资保证金账户中将相应数额的款项以银行转账方式支付给属地人力资源社会保障行政部门指定的被拖欠工资农民工本人。

施工总承包单位采用银行保函替代工资保证金，发生前款情形的，提供银行保函的经办银行应在收到《支付通知书》5个工作日内，依照银行保函约定支付农民工工资。

第二十条 工资保证金使用后，施工总承包单位应当自使用之日起10个工作日内将工资保证金补足。

采用银行保函替代工资保证金发生前款情形的，施工总承包单位应在10个工作日内提供与原保函相同担保范围和担保金额的新保函。施工总承包单位开立新保函后，原保函即行失效。

第二十一条 经办银行应每季度分别向施工总承包单位和属地人力资源社会保障行政部门提供工资保证金存款对账单。

第二十二条 工资保证金对应的工程完工，施工总承包单位作出书面承诺该工程不存在未解决的拖欠农民工工资问题，并在施工现场维权信息告示牌及属地人力资源社会保障行政部门门户网站公示30日后，可以申请返还工资保证金或银行保函正本。

属地人力资源社会保障行政部门自施工总承包单位提交书面申请5个工作日内审核完毕，并在审核完毕3个工作日内向经办银行和施工总承包单位出具工资保证金返还（销户）确认书。经办银行收到确认书后，工资保证金账户解除监管，相应款项不再属于工资保证金，施工总承包单位可自由支配账户资金或办理账户销户。

选择使用银行保函替代现金存储工资保证金并符合本条第一款规定的，属地人力资源社会保障行政部门自施工总承包单位提交书面申请5个工作日内审核完毕，并在审核完毕3个工作日内返还银行保函正本。

属地人力资源社会保障行政部门在审核过程中发现工资保证金

对应工程存在未解决的拖欠农民工工资问题，应在审核完毕3个工作日内书面告知施工总承包单位，施工总承包单位依法履行清偿（先行清偿）责任后，可再次提交返还工资保证金或退还银行保函正本的书面申请。

属地人力资源社会保障行政部门应建立工资保证金定期（至少每半年一次）清查机制，对经核实工程完工且不存在拖欠农民工工资问题，施工总承包单位在一定期限内未提交返还申请的，应主动启动返还程序。

第二十三条 施工总承包单位认为行政部门的行政行为损害其合法权益的，可以依法申请行政复议或者向人民法院提起行政诉讼。

第四章 工资保证金监管

第二十四条 工资保证金实行专款专用，除用于清偿或先行清偿施工总承包单位所承包工程拖欠农民工工资外，不得用于其他用途。

除法律另有规定外，工资保证金不得因支付为本工程提供劳动的农民工工资之外的原因被查封、冻结或者划拨。

第二十五条 人力资源社会保障行政部门应加强监管，对施工总承包单位未依据《保障农民工工资支付条例》和本规定存储、补足工资保证金（或提供、更新保函）的，应按照《保障农民工工资支付条例》第五十五条规定追究其法律责任。

第二十六条 属地人力资源社会保障行政部门要建立工资保证金管理台账，严格规范财务、审计制度，加强账户监管，确保专款专用。

行业工程建设主管部门对在日常监督检查中发现的未按规定存储工资保证金问题，应及时通报同级人力资源社会保障行政部门。对未按规定执行工资保证金制度的施工单位，除依法给予行政处罚（处理）外，应按照有关规定计入其信用记录，依法实施信用惩戒。

对行政部门擅自减免、超限额收缴、违规挪用、无故拖延返还工资保证金的，要严肃追究责任，依法依规对有关责任人员实行问责；涉嫌犯罪的，移送司法机关处理。

第五章　附　　则

第二十七条　房屋市政、铁路、公路、水路、民航、水利领域之外的其他工程，参照本规定执行。

采用工程担保公司保函或工程保证保险方式代替工资保证金的，参照银行保函的相关规定执行。

第二十八条　本规定由人力资源社会保障部会同住房和城乡建设部、交通运输部、水利部、银保监会、铁路局、民航局负责解释。各地区可根据本规定并结合工作实际，制定具体实施办法，并向人力资源社会保障部、住房和城乡建设部、交通运输部、水利部、银保监会、铁路局、民航局备案。在贯彻实施中遇到的重大问题，请及时向人力资源社会保障部报告。

第二十九条　本规定自 2021 年 11 月 1 日起施行。

本规定施行前已按属地原有工资保证金政策存储的工资保证金或保函继续有效，其日常管理、动用和返还等按照原有规定执行；本规定施行后新开工工程和尚未存储工资保证金的在建工程工资保证金按照本规定及各地区具体实施办法执行。

附件：1. 农民工工资保证金存款协议书（样本）（略）

2. 农民工工资保证金银行保函（样本）（略）

3. 农民工工资保证金支付通知书（样本）（略）

国家铁路局关于在铁路工程建设领域推动落实农民工工资支付保障措施的通知

（国铁工程监函〔2021〕16号　2021年2月3日）

各地区铁路监管局，北京铁路督察室，工程质监中心：

为深入贯彻落实党中央、国务院关于根治拖欠农民工工资工作的决策部署，切实保障铁路工程建设领域农民工合法权益，依据《保障农民工工资支付条例》等有关规定，现就铁路工程建设领域推动落实保障农民工工资支付工作有关事宜通知如下。

一、切实提高政治站位

农民工是铁路工程建设项目一线作业的重要力量，为铁路工程建设发展做出了积极贡献。做好铁路工程建设领域保障农民工工资支付工作，必须提高政治站位、强化责任担当，始终坚持以习近平新时代中国特色社会主义思想为指导，全面贯彻党的十九大和十九届二中、三中、四中、五中全会精神，践行以人民为中心的发展思想，充分认识保障农民工劳动报酬权益的重大意义，切实增强做好根治拖欠农民工工资工作的责任感、使命感和紧迫感，立足铁路行业监管职责定位，督促落实铁路建设市场主体责任，依法惩处违法行为，推动各项保障支付措施落细落实落地，不断健全铁路工程建设领域保障农民工工资支付工作的长效机制，维护好在铁路工程建设项目务工的农民工合法权益，增强农民工的获得感、幸福感，促进社会和谐稳定，推动铁路工程建设高质量发展，更好服务构建新发展格局。

二、监督支付保障责任落实

1. 建设单位支付保障责任。建设单位应严格执行基本建设程序，按照有关规定确保项目建设资金落实到位，依法选择施工单位并签订承包合同；按照合同约定向承包单位提供工程款支付担保，及时拨付工程款并将人工费用及时足额拨付至农民工工资专用账户，监督承包单位按时足额支付农民工工资。建设单位负责组织建立本项目保障农民工工资支付协调机制和工资拖欠预防机制，按照合同约定落实有关各方的治欠责任；发生农民工集体讨薪事件的，要会同施工总承包单位及时处理，并向项目所在地人力资源社会保障部门和铁路监管部门报告有关情况，并依法承担清偿责任。

2. 施工总承包单位支付保障责任。施工总承包单位对所承包工程项目的农民工工资支付负总责，要建立项目农民工工资支付管理的各项制度，配备劳资专管员；按项目所在地人力资源社会保障部门有关规定存储工资保证金或提供金融机构保函，依法开设农民工工资专用账户；管理并监督分包单位落实保障农民工工资支付的各项制度和措施要求，代发分包单位农民工工资，并依法承担清偿责任。

3. 用工单位支付保障责任。施工总承包单位或分包单位是铁路工程建设项目的具体用工单位，对所招用农民工的实名制管理和工资支付负直接责任，依法与直接招用的农民工订立劳动合同，监督相关用人单位做好劳动合同管理，并对进场的农民工实行实名制管理。施工总承包单位要检查、核实劳务派遣单位、分包单位的农民工劳动合同签订和用工实名制管理情况；分包单位、劳务派遣单位应当配合施工总承包单位落实保障农民工工资支付的各项制度和措施，协助施工总承包单位做好农民工工资支付工作，确保农民工工资按期足额支付给本人，并依法履行清偿责任。

4. 监理单位支付保障责任。监理单位要按照监理合同约定和相关规定，将农民工工资支付有关工作纳入工程监理范畴，协助建设单位做好农民工工资支付管理；检查、督促施工总承包单位和分包单位落实用工管理和工资支付有关制度；在审核计量支付资料时，要加强对农民工工资费用有关资料的复核工作。

5. 引导务工人员依法取酬。在铁路工程建设项目务工的农民工要依法提供真实有效的个人身份信息，积极配合用工单位完成实名登记并与用人单位签订劳动合同；按照劳动合同约定及施工规范、工作规程提供劳务服务；积极参加法规、技能培训，增强依法维权意识、提高工作技能，依法维护自身权益。

三、监督支付保障制度实施

1. 严格合同管理。建设单位在与施工总承包单位签订的承包合同中，应依法约定工程款及人工费用的支付比例和支付周期（人工费支付周期不得超过1个月）。用人单位（包括直接招用农民工的施工总承包单位、分包单位，以及以劳务派遣方式提供劳务的劳务公司）在与所招用的农民工签订的劳动合同中，应约定工资支付标准、支付时间、支付方式等内容。严禁用劳务合同代替劳动合同，未按要求订立劳动合同并进行实名登记的人员不得进入施工现场。施工总承包单位、分包单位和农民工本人等劳动合同签订主体应当分别保有劳动合同原件。

2. 规范实名制登记。施工总承包单位对进场的农民工实名制管理工作负总责，要制定实名制管理工作细则，明确农民工进场、退场、工作量签认等具体事宜，配置必要的硬件管理设施，汇总并统一保存进场的农民工劳动合同签订及实名登记有关材料，接受相关部门监督检查。鼓励有条件的项目或单位结合本项目本单位信息化管理实际，建立具有农民工实名制管理、工资支付管理功能的项目管理信息化平台，并及时做好与铁路工程监督管理信息系统及相关部门信息化平台的数据共享。

3. 实行农民工工资专用账户制度。施工总承包单位应在施工承包合同签订后、第一次工程款拨付前完成农民工工资专用账户开设。专用账户专项用于支付该工程建设项目农民工工资，不得挪作他用。建设单位应当按照合同约定及时拨付工程款，并按照工程承包合同约定的支付时间和人工费比例（如遇用工高峰期，可适当调增比例），将应付工程款中的人工费用及时足额拨付至施工总承包单位开设的农民工工资专用账户，并对专用账户的设立、使用、注销情况进行监督。工程完工且未拖欠农民工工资的，经公示30日后，施工总承包单位可依法注销专用账户，账户内余额归施工总承包单位所有。

4. 推行代发工资制度。在铁路工程建设领域全面推行分包单位农民工工资委托施工总承包单位代发制度。施工总承包单位与分包单位应依法约定代发工资的权责义务、工作流程、支付时间等关键事项。分包单位应当按月考核农民工工作量并编制工资支付表，经农民工本人签字确认后，与当月工程进度等情况一并交施工总承包单位。施工总承包单位根据分包单位编制的工资支付表，通过农民工工资专用账户将工资支付到农民工本人的银行账户，并向分包单位提供代发工资凭证。用于支付农民工工资的银行账户所绑定的农民工本人社会保障卡或者银行卡，用人单位或者其他人员不得以任何理由扣押或者变相扣押。

5. 实行工程款支付担保。铁路工程建设领域工程款支付担保额度、担保方式由合同主体协商确定。新开工项目的工程款支付担保应在施工总承包合同签订时，由发包人提供给承包人。在建项目，承发包双方可参照《铁路工程标准施工招标文件》中的支付担保协议条款，协商签订有关补充协议，明确工程款支付担保方面的具体事宜。

6. 执行工资保证金制度。铁路工程建设领域工资保证金的存储、使用、收回等具体要求执行人力资源和社会保障部及建设项目所在地政府部门出台的有关规定。

7. 有效落实劳资专管员制度。施工总承包单位应当在工程项目经理部配备至少1名劳资专管员。劳资专管员不得由其他岗位人员兼任，其岗位职责、工作内容、工作流程等事项应作为项目管理制度予以专项明确。劳资专管员要认真履行《保障农民工工资支付条例》赋予的法定职责，施工总承包单位的项目经理、有关业务部门要积极支持劳资专管员开展工作，分包单位应配合劳资专管员履行职责开展的用工监督检查、考勤等履职行为。

8. 落实工伤保险制度。施工总承包单位应按《关于铁路、公路、水运、水利、能源、机场工程建设项目参加工伤保险工作的通知》要求，为项目现场使用的所有职工，包括各分包单位使用的农民工办理工伤保险。施工总承包单位购买的各类商业保险不能替代法定的工伤保险。

9. 完善基础资料管理。施工总承包单位和分包单位均应建立农民工用工管理台账，详细记录现场用工名录、进退场情况、考勤情况等用工基础信息；存留劳动合同、工资清单和工资核算、发放及支付凭证等资料，并保存至工程完工且工资全部结清后至少3年。出现农民工工资支付争议的，施工总承包单位、分包单位不能提供相关劳动合同、台账、清单、凭证的，应依法承担不利后果。

10. 落实施工现场维权信息公示制度。施工总承包单位要在施工现场劳务用工相对集中的生活区、作业工点、预制加工等场所设立维权信息告示牌，并按季度（或月）通过告示牌公示项目农民工工资支付情况、工伤保险参保情况、工资保证金及专用账户使用等相关情况。告示牌固定内容要包括：建设单位、施工总承包单位及所在项目部、分包单位、劳资专管员等基本信息，当地最低工资标准、工资支付日期，铁路工程监管部门和劳动保障监察部门的投诉举报电话、劳动争议调解仲裁申请渠道、法律援助申请渠道、公共法律服务热线等信息。

四、保障中小企业款项支付

1. 协调保障中小企业合法权益。各地区铁路监管局（含工程质监中心，下同）要按照《保障中小企业款项支付条例》规定，督促建设单位、施工总承包单位落实款项支付责任，协调参与铁路工程建设的大型企业按照合同约定及时支付中小企业的款项。政府投资的铁路工程建设项目建设资金应当按照国家有关规定落实到位，不得由施工单位垫资建设。

2. 及时足额支付工程款。施工总承包单位在与分包单位、材料设备供应单位签订的分包或采购合同中，应当合理约定付款期限、进度付款比例，及时支付款项；不得以法定代表人或者主要负责人变更、履行内部付款流程，或者在合同未作约定的情况下以等待竣工验收批复、决算审计等为由，拒绝或者迟延支付应付款项。

五、加强行业监督管理

1. 落实监管责任。各地区铁路监管局要严格执行《保障农民工工资支付条例》，依法检查督促建设项目各有关单位落实保障农民工工资支付的各项制度和措施要求；严肃查处违法发包、转包、违法分包、挂靠等违法行为，制止纠正因此导致拖欠农民工工资的违法行为；依法受理有关投诉举报，强化与驻在地企业的沟通联系机制，积极协调配合地方人力资源和社会保障部门做好保障农民工工资支付有关工作。

2. 加强普法宣传。各地区铁路监管局要加强《保障农民工工资支付条例》《保障中小企业款项支付条例》《关于加快培育新时代建筑产业工人队伍的指导意见》等法规政策的学习及宣贯工作，按照“谁执法谁普法”普法责任制要求，加大对保障农民工工资支付、工伤保险、劳动保障等相关法律法规的普及宣传；指导铁路工程建设单位、施工单位开展法律法规和作业技能培训，从源头提高农民工法治意识和作业技能水平。

3. 紧盯措施落实。各地区铁路监管局要加大监督检查力度，对法定制度要求不落实的，应按照《保障农民工工资支付条例》规定及《〈保障农民工工资支付条例〉法律责任条款行政执法指引》所示实施行政处理（处罚）措施，出现工资拖欠的，要积极协调、督促支付，对经协调、督促仍不支付欠薪的责任单位和责任人，按规定认定记录公布失信行为，并移送当地人社部门依法处理。

4. 畅通投诉举报渠道。各地区铁路监管局要落实“首问负责制”，依法受理拖欠农民工工资、拖欠工程款的投诉举报。对属于铁路工程建设领域的，除积极协调、督促有关责任单位支付或清偿外，还要倒查法定的支付保障措施是否到位；对支付保障措施不到位、拒不支付的，依法处理或移交有关部门处理；对收到的其他行业领域的欠薪举报投诉，要及时转送相关部门。

图书在版编目（CIP）数据

保障农民工工资支付条例 / 学习强会编. —北京：中国工人出版社，2022.8
（全国职工“八五”普法简明读本）
ISBN 978-7-5008-7953-4

Ⅰ.①保… Ⅱ.①学… Ⅲ.①民工－工资制度－条例－中国－通俗读物
Ⅳ.①D922.514

中国版本图书馆CIP数据核字（2022）第143808号

保障农民工工资支付条例

出 版 人 董 宽
责任编辑 赵晨羽
责任校对 张 彦
责任印制 栾征宇
出版发行 中国工人出版社
地　　址 北京市东城区鼓楼外大街45号　邮编：100120
网　　址 http://www.wp-china.com
电　　话 （010）62005043（总编室）
（010）62005039（印制管理中心）
（010）62382916（工会与劳动关系分社）
发行热线 （010）82029051　62383056
经　　销 各地书店
印　　刷 三河市万龙印装有限公司
开　　本 850毫米×1168毫米　1/32
印　　张 4
字　　数 90千字
版　　次 2022年10月第1版　2024年12月第3次印刷
定　　价 24.00元

本书如有破损、缺页、装订错误，请与本社印制管理中心联系更换
版权所有 侵权必究